AF568385

Harry Potter™

DAS BUCH DER MAGISCHEN BESEN

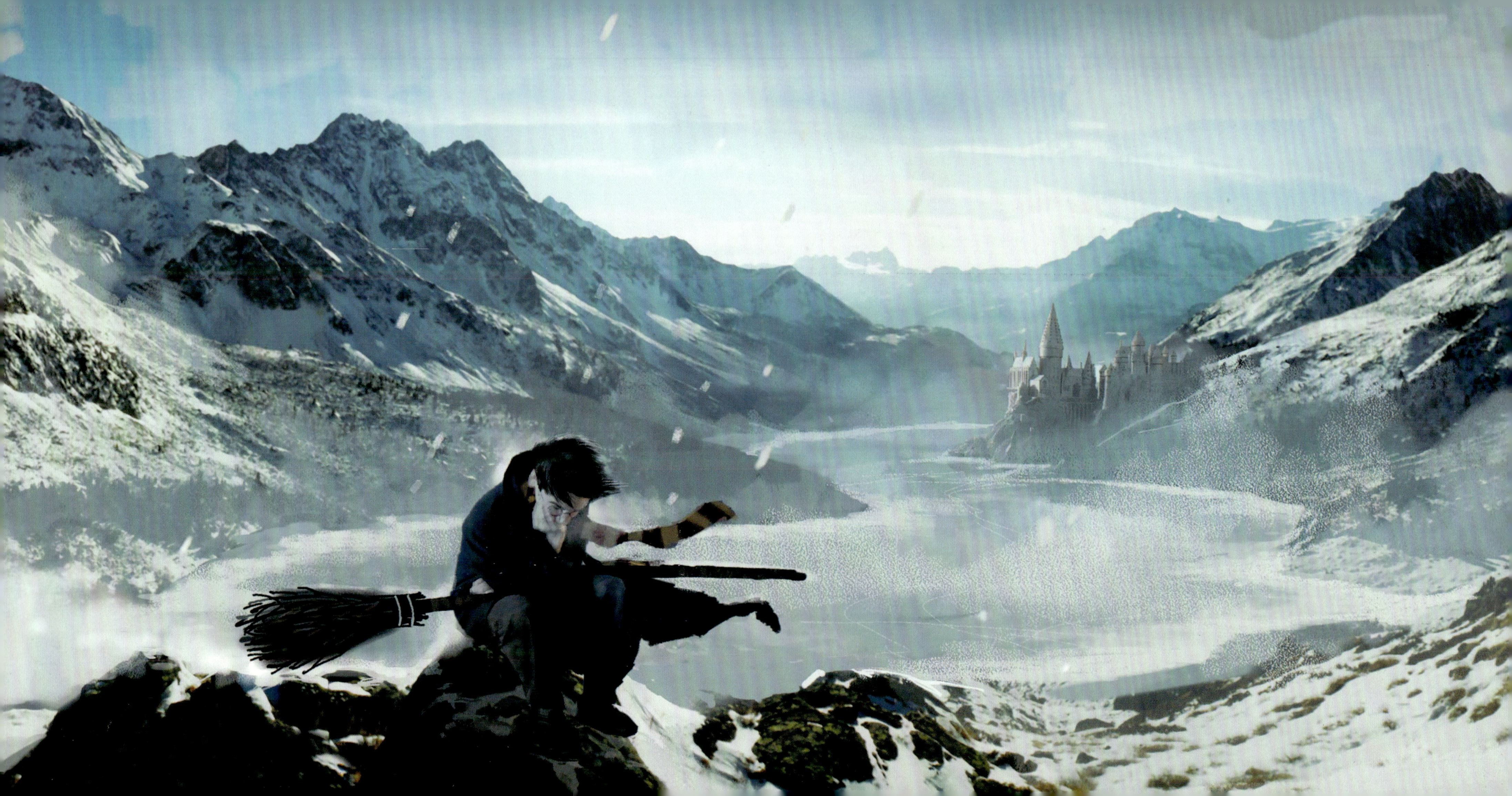

Harry Potter™

DAS BUCH DER MAGISCHEN BESEN

JODY REVENSON

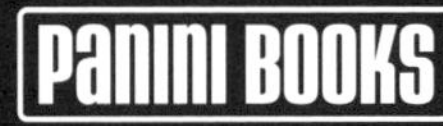

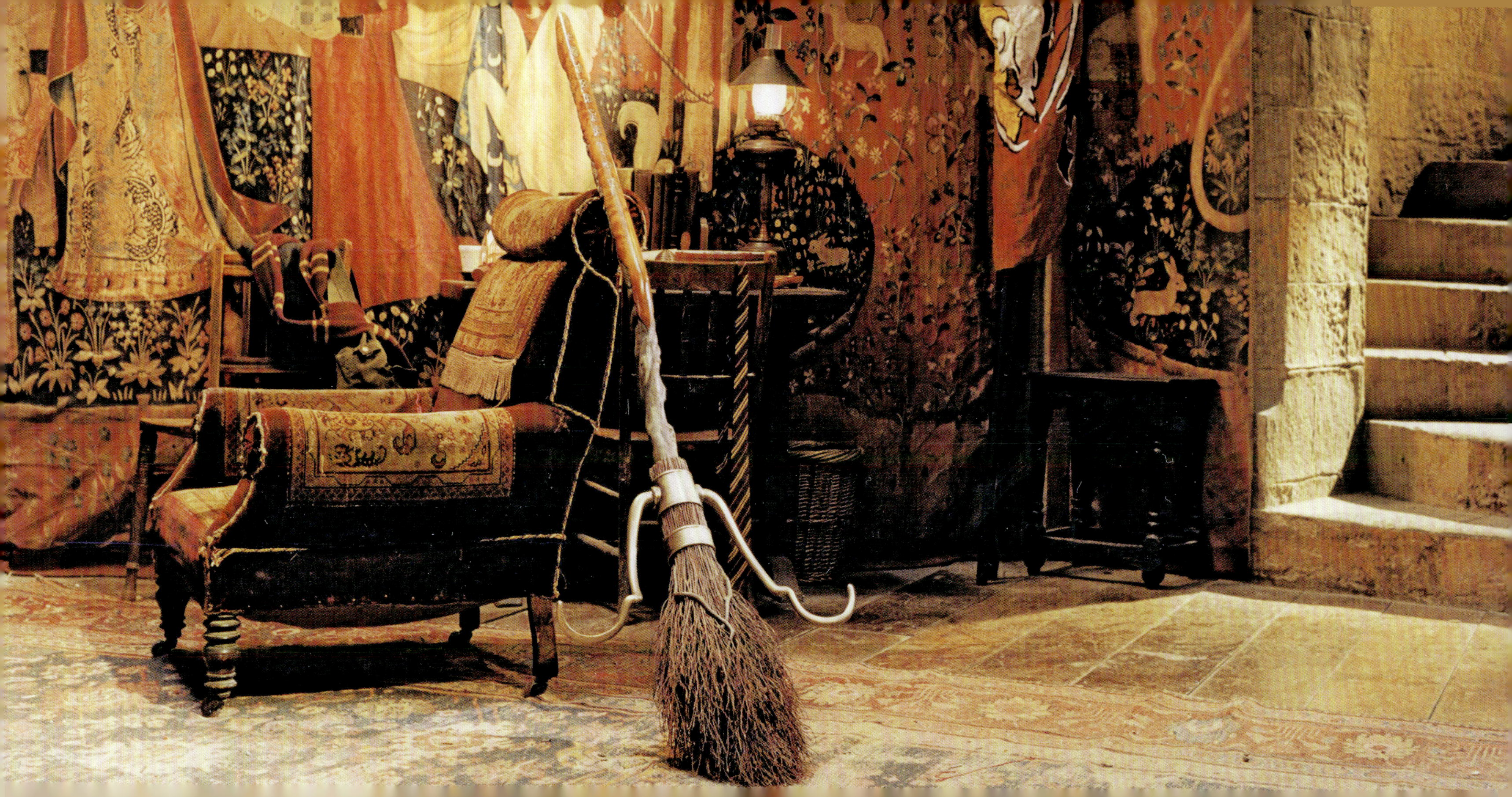

INHALT

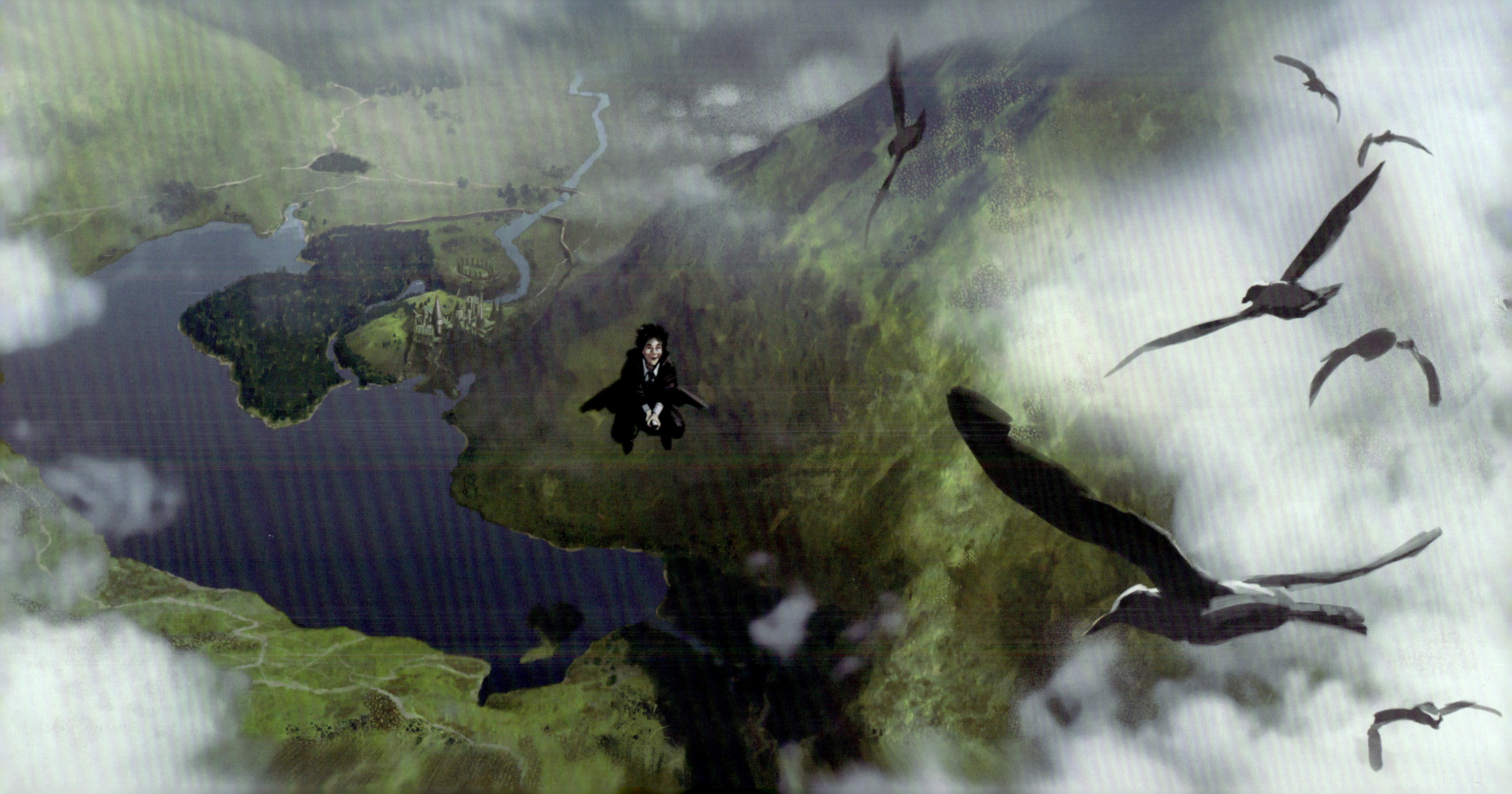

EINLEITUNG

In der Muggelwelt sind Besen unscheinbare Alltagsgegenstände, die zum Kehren von Böden benutzt werden und nicht weiter Beachtung finden. In der Zauberwelt der Harry-Potter-Filme hingegen kommt ihnen eine ganz besondere Bedeutung zu.

Dort sind Besen magische Artefakte, die ihre Besitzer in luftige Höhen aufsteigen lassen, sie in Windeseile von A nach B bringen oder ihnen dabei helfen, gefährlichen Drachen, Todessern und anderen dunklen Kräften zu entkommen. Auch bei spannenden Wettkämpfen gelangen sie zum Einsatz. So spielen sie eine wesentliche Rolle im beliebtesten Sport der Zauberwelt – dem rasanten Quidditch, bei dem sich zwei Teams in schwindelerregender Höhe ein Duell liefern. Da ist ein blitzschneller Rennbesen wahrlich von Vorteil. Kein Wunder also, dass sich im *Tagespropheten* jede Menge Werbung für die brandaktuellen Modelle findet.

Die Designs der Besen sind so vielfältig wie ihre Einsatzzwecke, und einige Exemplare sind sogar eigens auf ihre Besitzer zugeschnitten. *Harry Potter – Das Buch der magischen Besen* wirft einen umfassenden Blick auf die Besen aus den Harry-Potter-Filmen, ihre Hersteller und ihre Besitzer. Von den Künstlern, die die Requisiten entwarfen und fertigten, bis zu den Darstellern und Figuren, die auf ihnen ritten – sie alle trugen dazu bei, die verzauberten Besen auf der Leinwand zum Leben zu erwecken.

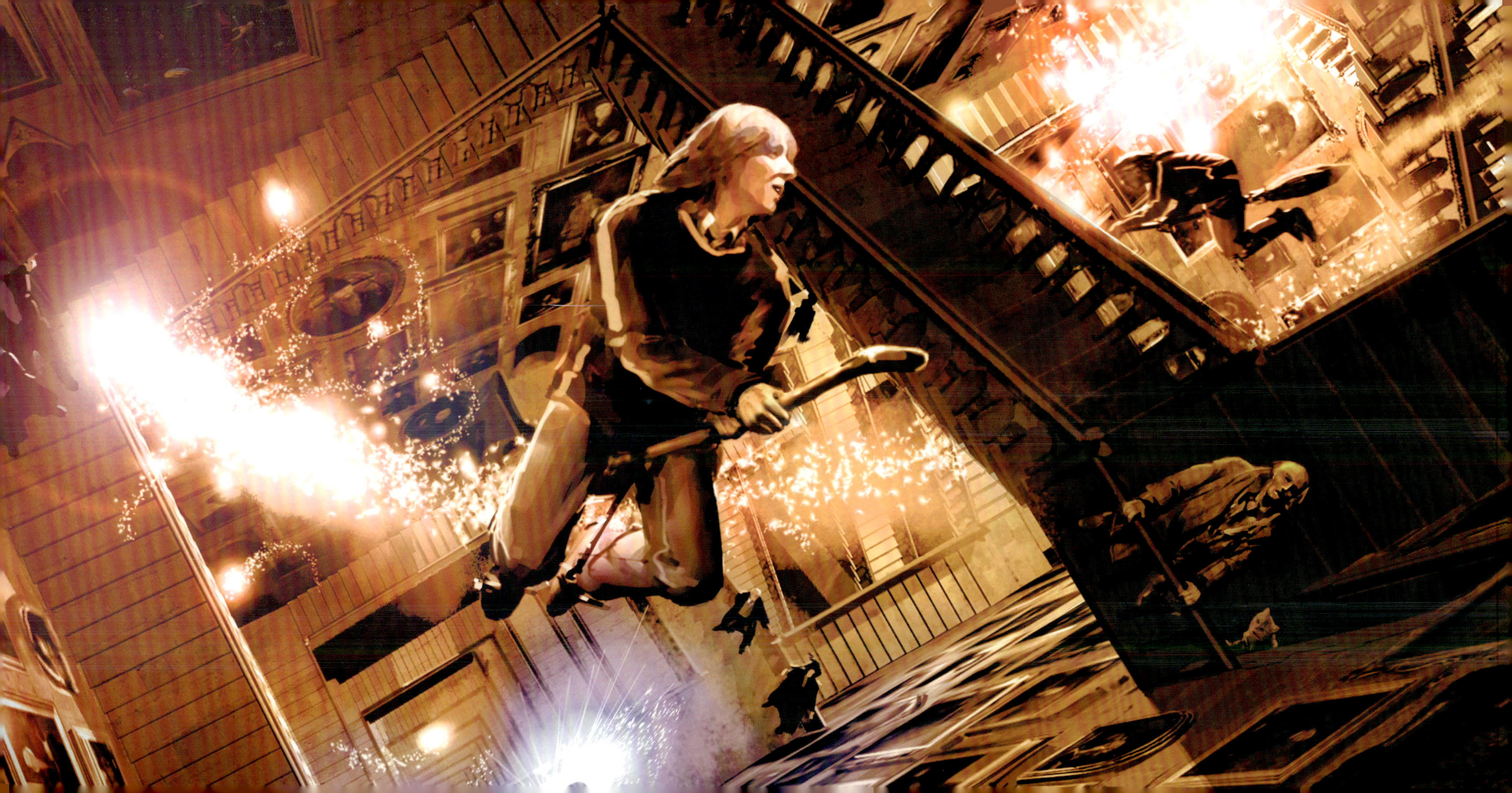

BESEN IN DER ZAUBERWELT

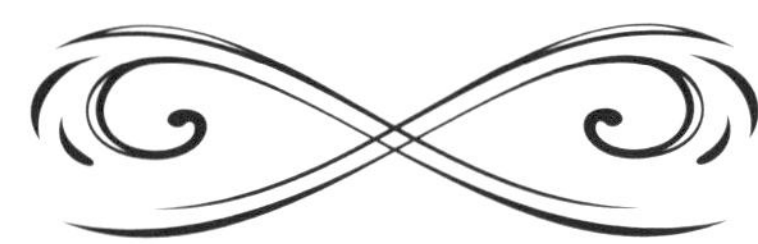

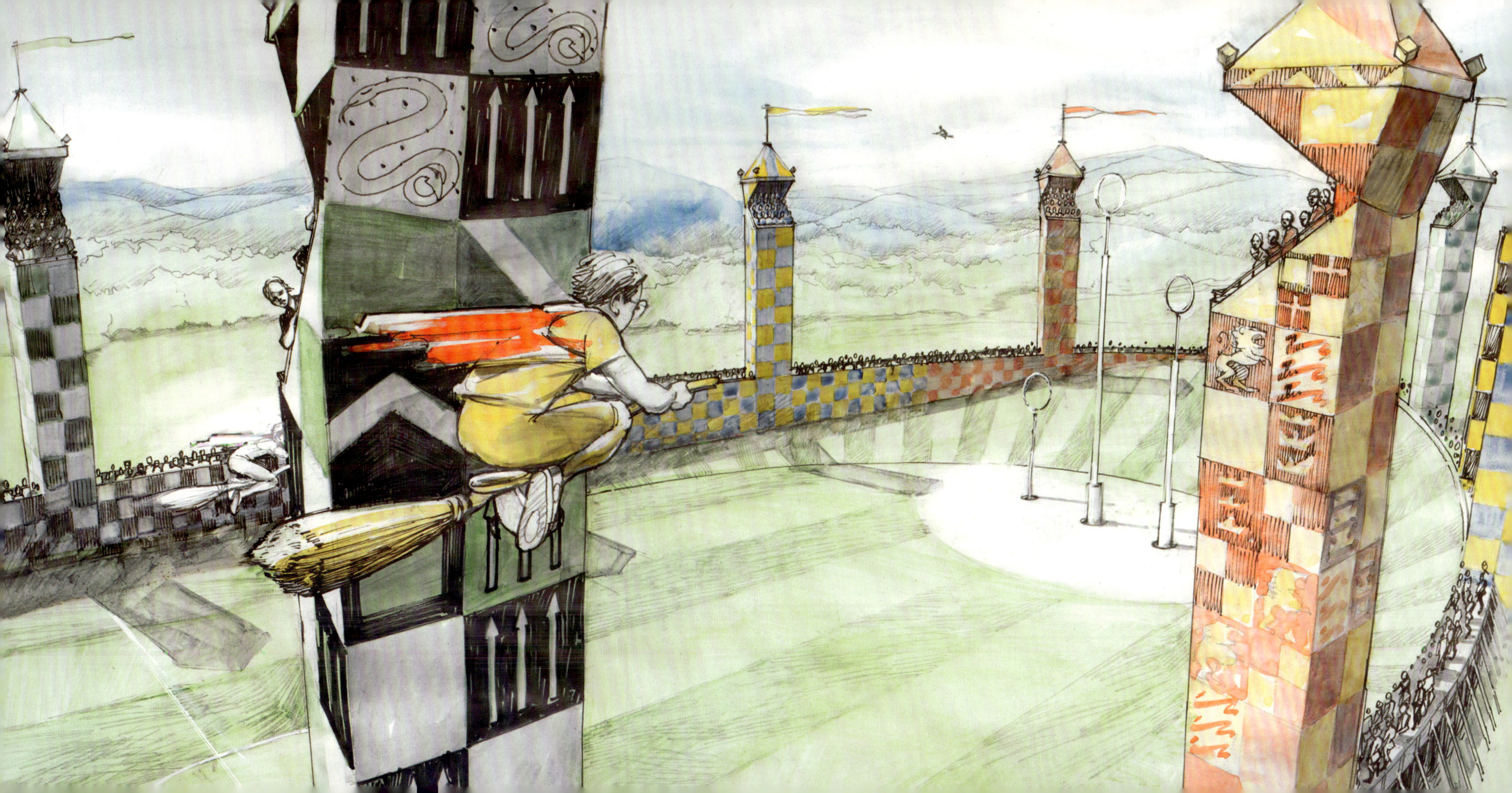

BESEN SPIELEN IN Harry Potters Abenteuern an der Hogwarts-Schule für Hexerei und Zauberei eine fast so wichtige Rolle wie Zauberstäbe. In *Harry Potter und der Stein der Weisen* ist es Harrys Naturtalent im Fliegen zu verdanken, dass er und seine Freunde es mit einem Schwarm fliegender Schlüssel aufnehmen können – eine der Hürden, die es bei der Suche nach dem geheimnisvollen Stein zu überwinden gilt.

In *Harry Potter und der Feuerkelch* setzt Harry bei der ersten Aufgabe des Trimagischen Turniers seinen Besen geschickt zu seinem Vorteil ein und manövriert sich an einem grimmigen Drachen vorbei, der den entscheidenden Hinweis für die zweite Aufgabe beschützt.

Noch mehr macht Harry beim Quidditch von sich reden, wo er im Team von Gryffindor der jüngste Spieler seit einem Jahrhundert wird. Bei seiner Ernennung erhält er einen Nimbus 2000, den damals schnellsten Besen auf dem Markt, und zu einem späteren Zeitpunkt einen Feuerblitz. Doch egal mit welchem fliegenden Untersatz – Harry beweist stets außergewöhnliches Flugtalent.

So wie die Zauberstäbe spiegeln oft auch die Besen die Persönlichkeit ihrer Besitzer wider. Dem wollten die Konzeptkünstler und Requisitenbauer der Harry-Potter-Filme auf jeden Fall Rechnung tragen. Und so blitzen im Besen der extravaganten Nymphadora Tonks auch einige bunte Zweige zwischen den Borsten hervor. Das Exemplar von Arthur Weasley wiederum, den alle möglichen Muggelobjekte faszinieren, hat Pedale und einen Fahrradkorb, während das Fluggerät des rebellischen Auroren Alastor „Mad-Eye“ Moody an einen protzigen Chopper erinnert.

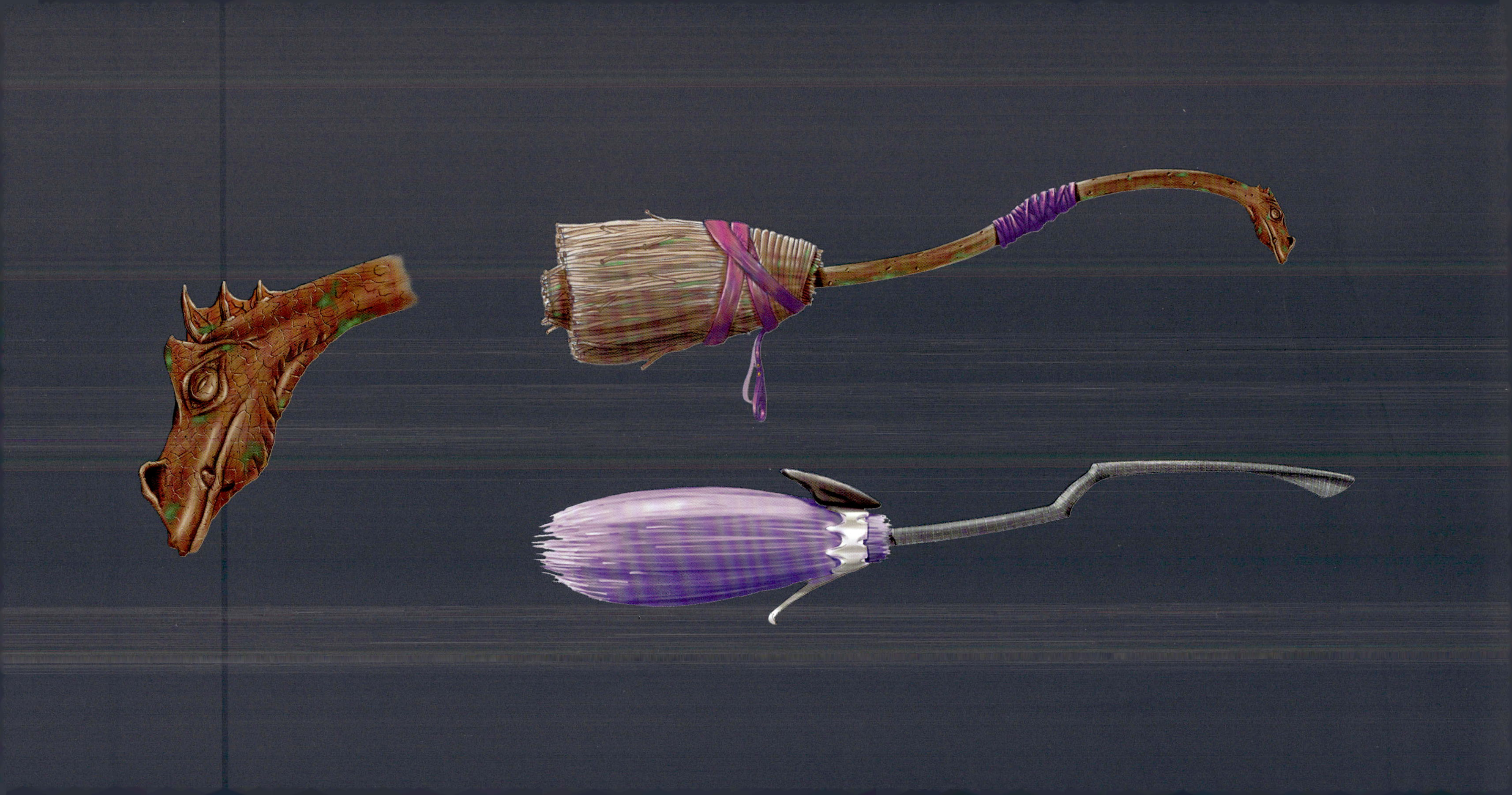

ERSTE BESENENTWÜRFE

„Willkommen zur ersten Flugstunde."

Madam Hooch, *Harry Potter und der Stein der Weisen*

Sollte ein Besen praktisch und schlicht sein oder schnittig und bunt? Sollte er eine individuelle Note haben und zum Beispiel mit Bändern geschmückt werden – oder zugunsten der Geschwindigkeit besser stromlinienförmig sein? Einige der ersten Ideen für die Besen der Harry-Potter-Filme stammen vom Konzeptkünstler Gert Stevens. Er und die anderen Konzeptkünstler studierten zu Referenzzwecken die Harry-Potter-Romane von J. K. Rowling und besprachen sich mit dem Szenenbildner Stuart Craig, der das optische Gesamtbild für die Filme entwickelte.

Gert Stevens' Vorentwürfe, die bereits einen gewissen schrägen Touch hatten, gaben eine erste Richtung für die Formen der Besen vor. Unter ihnen findet sich etwa ein Exemplar mit äußerst unkonventionellen Plastikborsten in Lila, einem sattelförmigen Sitz und einem Fahrradständer. Ein anderes Modell besitzt zwar typische Borsten, die allerdings mit einem lilafarbenen Band umwickelt sind. Am Ende des gebogenen Stiels sitzt ein Drachenkopf.

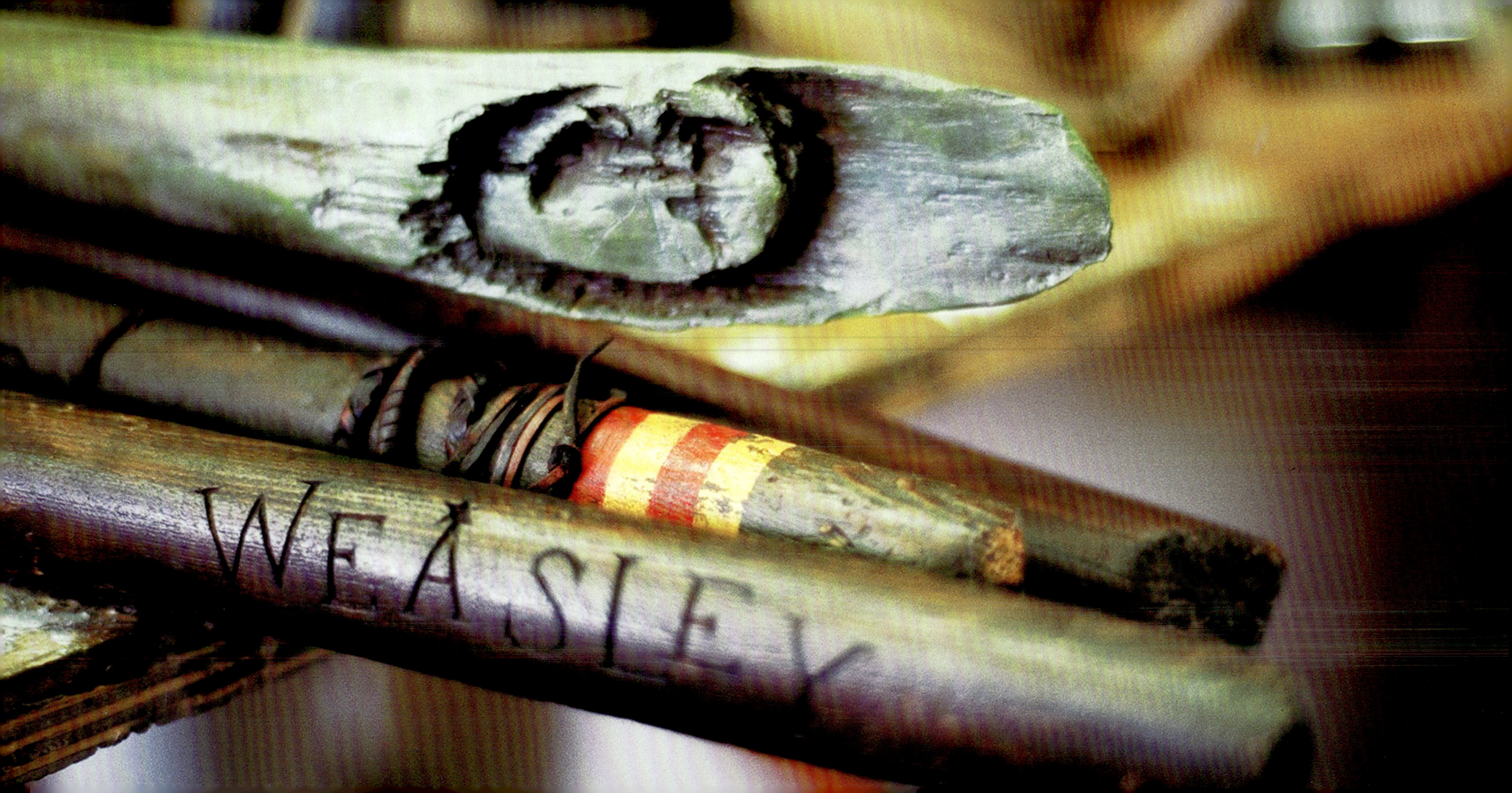
WEASLEY

DIE BESENMACHER

In der Zauberwelt ist der Besenhandel ein heiß umkämpftes Geschäft. Während zunächst der Nimbus 2000 und daraufhin der Nimbus 2001 als schnellste Besen galten, werden diese in *Harry Potter und der Gefangene von Askaban* vom Feuerblitz abgelöst.

Am Anfang jedes Fertigungsprozesses für die Besen der Harry-Potter-Filme stand ein Konzeptentwurf. Die Konzeptkünstler ließen in ihre Designs gern die Persönlichkeit der Besitzer einfließen. Szenenbildner Stuart Craig bekam oft Dutzende Skizzen vorgelegt, bevor es zur endgültigen Freigabe und zur Fertigung kam.

„Man macht so lange weiter, bis alle zufrieden sind“, erklärt Adam Brockbank, der unter anderem Ideen für die Besen der Mitglieder vom Orden des Phönix beisteuerte. „Es ist wichtig, eine Kernidee für den Besen zu finden, die zu seinem Besitzer passt.“ Zu seinem Leidwesen waren die Feinheiten auf den Besen oft von den Roben der Besenflieger verdeckt. „Man sieht sie nie wirklich in ihrer vollen Pracht, auch weil sie so schnell dahindüsen!“

Sobald das Design feststand, erstellte das Team rund um die künstlerische Leiterin Hattie Storey erste Baupläne mit näheren Angaben zu Länge, Material, Krümmung und sonstigen Details wie markanten Knoten oder den Runen auf dem Feuerblitz.

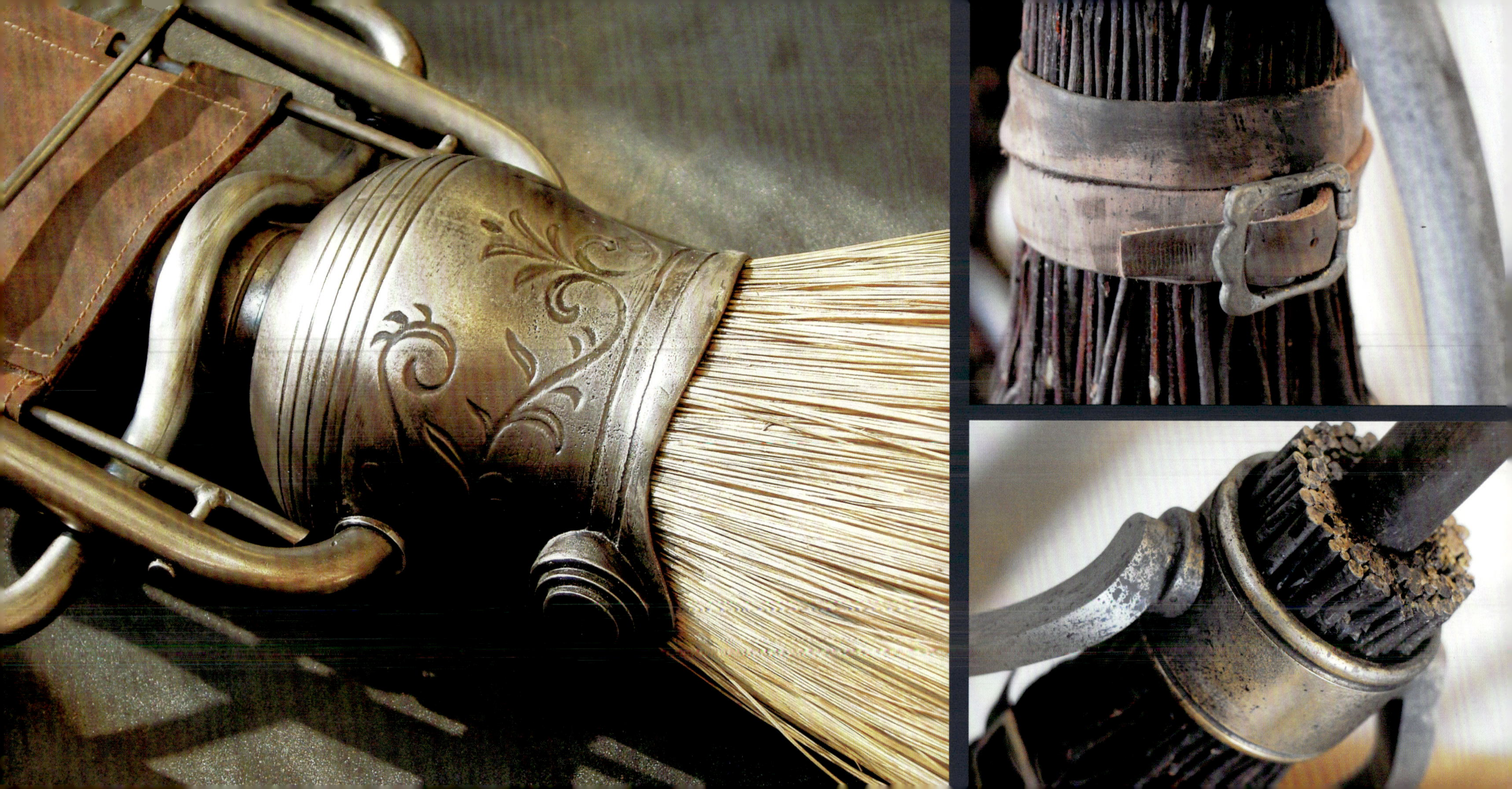

Anhand der Baupläne fertigte sodann die Requisitenabteilung die Besen für die Quidditch-Spiele in Hogwarts an. Da es sich um Rennbesen handelte, sollten sie robust und zugleich leicht sein. „Das waren nicht einfach Requisiten, die die Kinder herumtrugen“, erklärt der Leiter der Requisitenabteilung, Pierre Bohanna. „Sie sollten darauf sitzen. Die Besen mussten für die Spezialeffekte auf beweglichen Sockeln angebracht werden und zur Flugsimulation umherwirbeln können. Daher mussten sie sehr leicht und äußerst strapazierfähig sein.“ Also erhielten sie wie im Flugzeugbau einen Kern aus Titan. Dieser wurde mit Mahagoniholz verkleidet. Als Borsten dienten Birkenzweige.

Doch mussten in den Harry-Potter-Filmen nicht alle Besen flugtauglich sein. Für *Harry Potter und der Feuerkelch* beauftragte die Einkäuferin Tamazin Simmonds einen familiengeführten Besenbinderbetrieb in Tadley, Hampshire, der bereits seit dreihundert Jahren besteht und offizieller Hoflieferant des Buckingham Palace ist. Die Besenmacher produzierten über achtzig Besen aus großen Birken- und Haselästen. Das Material wurde im Winter gesammelt, wenn das Holz saftlos ist. Die Äste müssen sechs Monate lang trocknen, bevor sich die Rinde auf den gewünschten Stielumfang abschälen lässt.

Die Borsten bestehen aus Zweigen aus der Baumkrone. Zunächst werden längere, widerspenstigere Zweige verdrillt. Um sie herum werden kürzere, glattere Zweige angeordnet, dann wird das Bündel fest mit Draht zusammengezurrt. Zu guter Letzt wird der Stiel in das Bündel gerammt und mit einem Nagel oder Holzstift befestigt. Der gesamte Fertigungsprozess erfolgte in Handarbeit ohne den Einsatz von Maschinen.

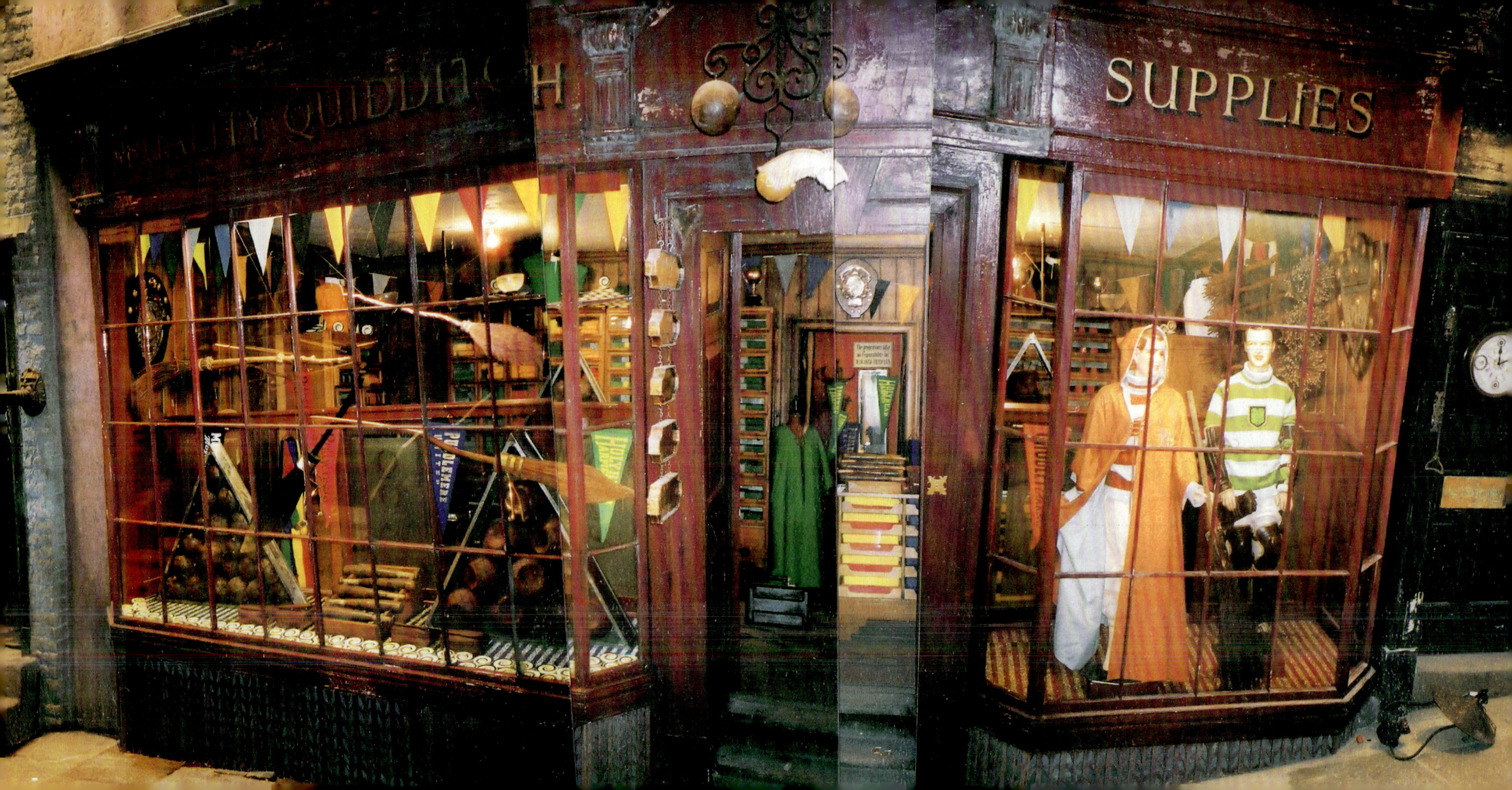
SUPPLIES

BESENHÄNDLER IN DER WINKELGASSE

Die Londoner Winkelgasse ist in der Zauberwelt die Adresse Nummer eins, wenn es ums Einkaufen geht. Hier gibt es jede Menge Läden, die magische Tierwesen, Kessel in allen Ausführungen und natürlich auch Besen anbieten. Zum ersten Mal besucht Harry die Einkaufsmeile in *Harry Potter und der Stein der Weisen*, um die Ausstattung für sein erstes Schuljahr zu besorgen. Dabei kommt er auch am Sportartikelladen *Qualität für Quidditch* vorbei, der alles bietet, was das Herz eines eingefleischten Quidditch-Fans begehrt. Vor dem Schaufenster tummeln sich mehrere Kinder und bewundern den neuen Nimbus 2000, den bis dato schnellsten Flugbesen. Und obwohl Harry zu diesem Zeitpunkt nicht die leiseste Ahnung von Quidditch hat, kann auch er sich nicht der Faszination entziehen, die von dem Besen im Schaufenster ausgeht.

Bei *Qualität für Quidditch* gibt es die komplette Quidditch-Ausstattung samt Sportkleidung in den Farben und mit den Logos der professionellen Quidditch-Teams von England. Die Szenenbildner gestalteten Auslagen mit Schaufensterpuppen in der Mannschaftskleidung der Chudley Cannons und Holyhead Harpies. Im Hintergrund hängen Flaggen anderer Teams, darunter Puddlemere United („Eintracht Pfützensee“, das einzige Team, dessen Name im deutschen Roman übersetzt wurde), Ballycastle Bats und Montrose Magpies. Hinten im Laden befindet sich ein Regal mit Besen, die von Stammkunden zur Probe geflogen werden können. Aber Achtung: „Für Schäden muss der Kunde aufkommen!“, so der Hinweis auf einem Schild.

In der Winkelgasse befindet sich noch ein zweiter Besenladen, wenngleich es dort nur gebrauchte Modelle oder, wie auf einem Schild zu lesen ist, „nahezu neue Besen“ gibt. Vor dem Geschäft mit dem passenden Namen *2nd Hand Brooms* türmen sich unzählige abgenutzte Exemplare.

Die Ausstatterin Stephenie McMillan hatte die Aufgabe, Besen für das Set der Winkelgasse in *Harry Potter und der Stein der Weisen* aufzutreiben. Sie und ihr Team durften aber nicht verraten, wozu sie die Unmengen brauchten, die sie in Gebrauchtwarenläden und auf Märkten zusammentrugen. In ihrer Not erklärte eine Mitarbeiterin einem Ladenbesitzer, dass sie eben viel zu fegen habe!

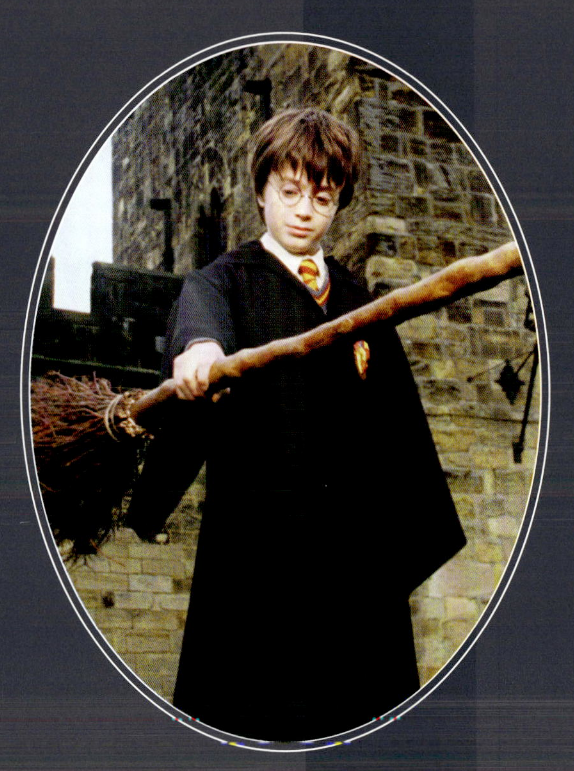

BESEN FÜR DEN FLUGUNTERRICHT

„Auf!“

Erstklässler, *Harry Potter und der Stein der Weisen*

Alle Erstklässler von Hogwarts müssen Besenflugstunden bei Madam Rolanda Hooch nehmen. Ihren sprichwörtlichen Habichtsaugen entgeht nichts, weshalb sie auch als Schiedsrichterin bei den Spielen der Quidditch-Teams in Hogwarts fungiert. Von der Schule bekommen die Schüler Fluggeräte zur Verfügung gestellt, deren krummes und knorriges Aussehen einen jahre-, wenn nicht jahrhundertelangen Einsatz erahnen lässt.

Bei der ersten Lektion geht es darum, den Besen so zu dirigieren, dass er in der eigenen Hand landet. Die Lehrerin weist die Schüler an, sich links von ihrem Besen aufzustellen, die rechte Hand über dem Besen auszustrecken und das Kommando „Auf!“ zu geben. Sogleich schießt Harrys Besen in seine Hand. Hermine Granger hingegen müht sich vergebens ab, und Ron Weasleys Exemplar verpasst ihm einen heftigen Schlag ins Gesicht.

Die Besen, die die jungen Darsteller in dieser Szene von *Harry Potter und der Stein der Weisen* benutzten, waren schlichte Modelle aus einem Birkenast, an den ein Bündel Weidenreisig genagelt war. Schließlich mussten sie mit Ausnahme der Exemplare von Harry Potter, Draco Malfoy und Neville Longbottom nicht fliegen. Besonderes Augenmerk lag auf einem natürlichen Aussehen der Besen, weshalb sie knorrige Furchen und erhabene Knoten bekamen.

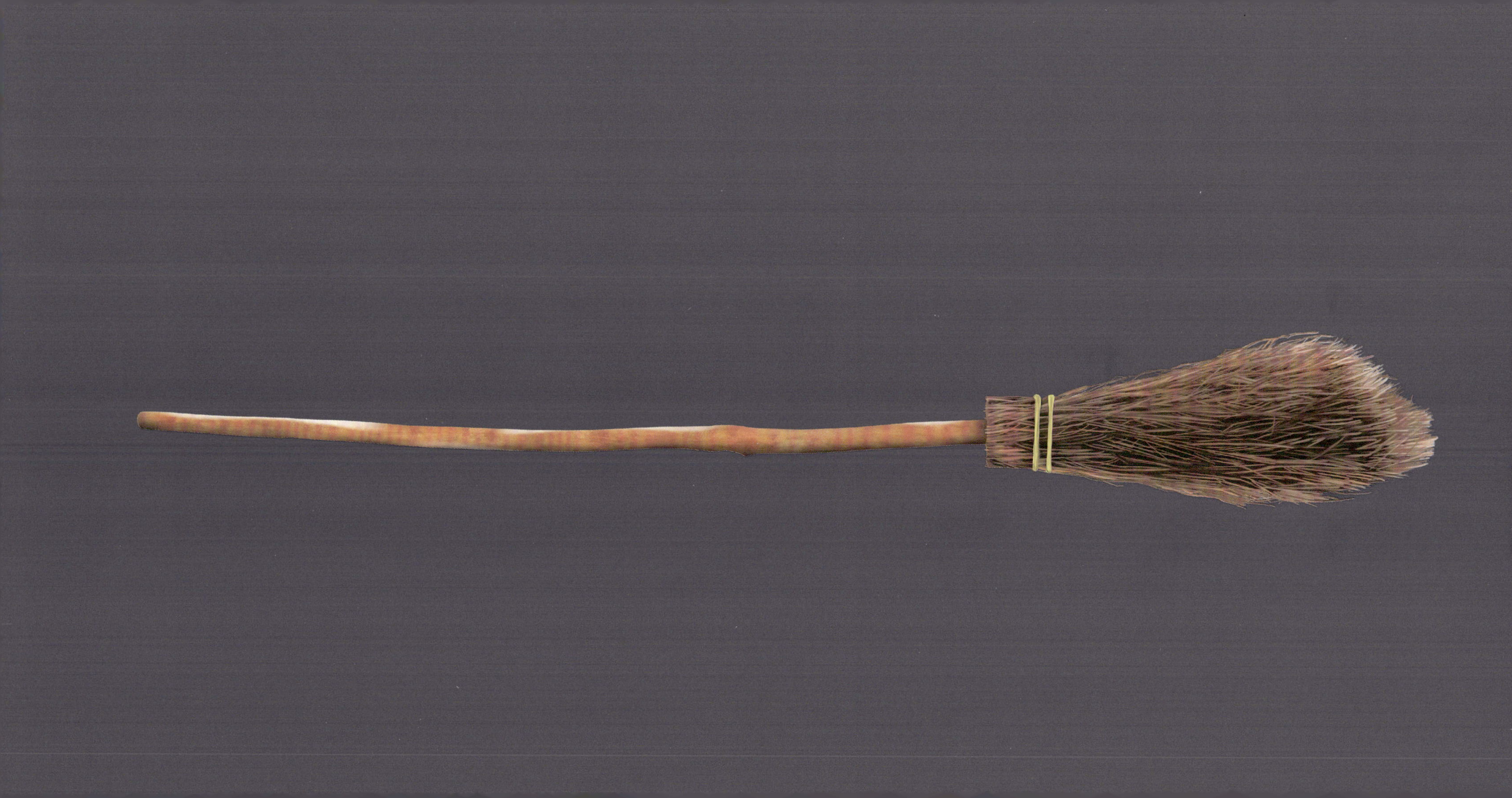

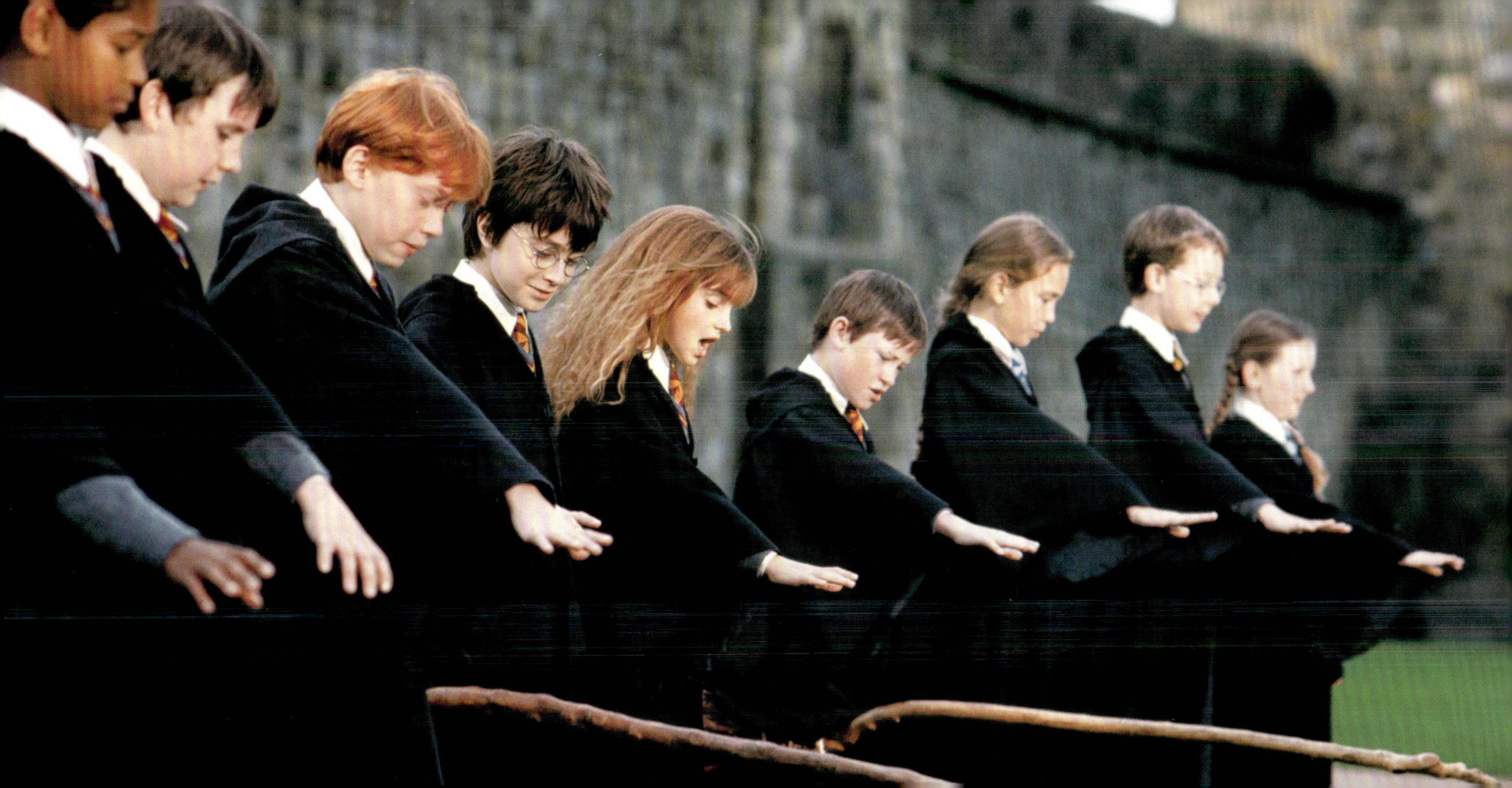

DER ÜBERFLIEGER

Im weiteren Verlauf der ersten Flugstunde befiehlt Madam Hooch den Schülern, auf ihre Besen zu steigen, sich vom Boden abzustoßen, kurz in der Luft zu bleiben und dann wieder zu landen. Auf ihren Pfiff hin hebt Neville Longbottom sogleich ab, schafft es aber nicht mehr zurück auf den Boden und legt einen wilden Flug über den Hof von Hogwarts hin.

„Ich hatte davon im Drehbuch gelesen, hatte aber keinen blassen Schimmer, was mich erwartet“, verrät Schauspieler Matthew Lewis, der Neville verkörperte. Für den Beginn seines Fluges wurde sein Besen an einer Stange befestigt, die mit Bluescreen-Material verkleidet war und an einem Kran hing. Auf Kommando hievte der Kran Matthew Lewis nach oben. „Es war ganz schön seltsam, ans Set zu kommen, um auf einem Besen in die Luft manövriert zu werden, aber auch ziemlich cool“, erinnert er sich. Wie Matthew Lewis zugibt, hatte er zu dieser Zeit ein wenig Höhenangst. Die Aussicht, den Stunt selbst zu machen, war für ihn jedoch ein Antrieb, sich seiner Angst zu stellen.

Der restliche Teil von Nevilles Flug wurde im Studio in einem Bluescreen-Raum gedreht, der mit Matten ausgepolstert war. Damit es die Schauspieler auf den einfachen Besen bequemer hatten, wurde zwischen Borsten und Stiel ein Fahrradsattel montiert, der von den Umhängen verdeckt war.

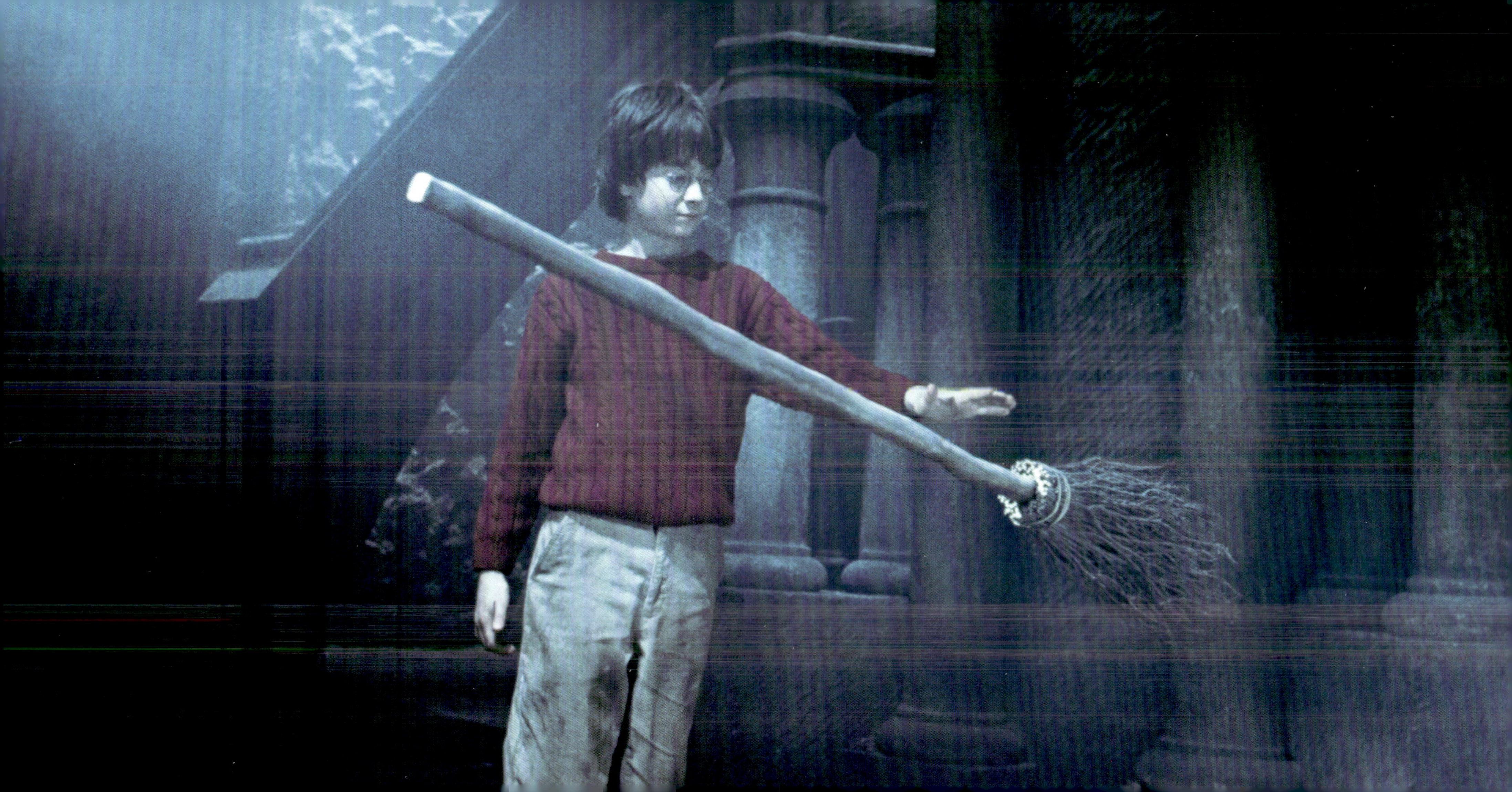

DAS SCHLÜSSELERLEBNIS

Besen sind nicht die einzigen Gegenstände, die in der Zauberwelt fliegen können. In *Harry Potter und der Stein der Weisen* müssen Harry, Ron und Hermine auf der Suche nach dem Stein der Weisen eine Reihe von Hindernissen überwinden. Eines davon befindet sich in einem Raum, in dem zahllose geflügelte Schlüssel umherschwirren. Über dem Boden schwebt ein Besen, ähnlich jenen aus dem Flugunterricht. Als sich die Tür zur nächsten Aufgabe nicht mit dem Zauber *Alohomora* öffnen lässt, wird den drei Helden klar, dass sie den richtigen Schlüssel einfangen müssen. Nach einem turbulenten Ritt auf dem Besen gelingt Harry dies auch.

Für diese Szene fertigte das Team echte Schlüssel und Musterflügel an. „Die dienten aber nur als Referenz oder Anhaltspunkt für die Abteilung für visuelle Effekte, die die unzähligen Schlüssel in dem Raum gestalten musste“, verrät Pierre Bohanna. Der einzige echte Schlüssel, der in dieser Szene zum Einsatz kam, war der alte, rostige, den sich Harry schnappt. „Die Idee dahinter war, dass es unter all den prachtvollen Exemplaren nur einen Schlüssel gibt, der ganz unscheinbar aussieht“, fügt Pierre Bohanna hinzu. Die Computeranimatoren orientierten sich bei den Bewegungen der Schlüssel an den Flugformationen eines Vogelschwarms.

BREAKING NEWS

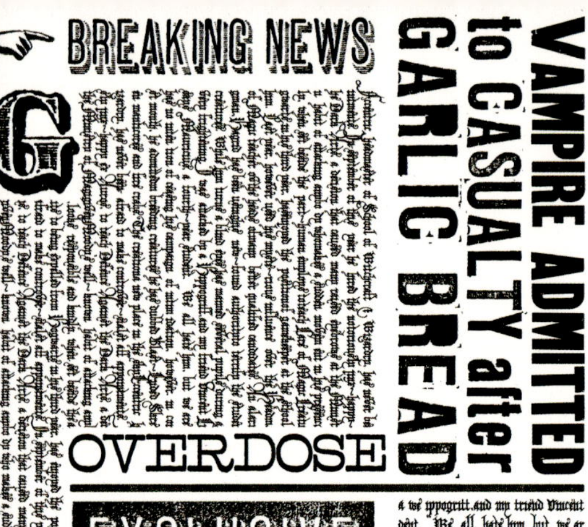

OVERDOSE

VAMPIRE ADMITTED to CASUALTY after GARLIC BREAD

EXCLUSIVE

FRONT & BACK COULD SWAP PLACES

"No More Va-Va-Broom?"

HAS YOUR BROOM LOST ITS VROOM?

FLITE-RITE

for all your Broomstick Maintenance Needs

NEW FAKE WIZARD

BLADLABLA

MUGGLES EXPOSED

SPELL LOSS?

SEE OUR NEW PRODUCTS Pg.7

Local NEWS

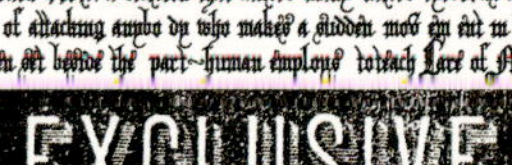

SHORT NEWS

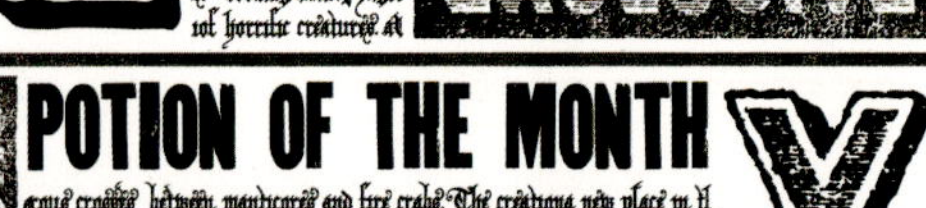

NEW EVIDENCE HIGHLIGH

ROGU

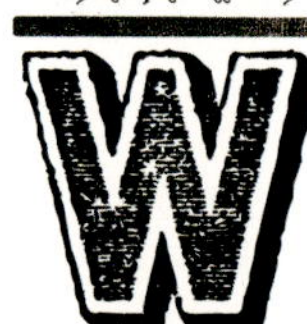

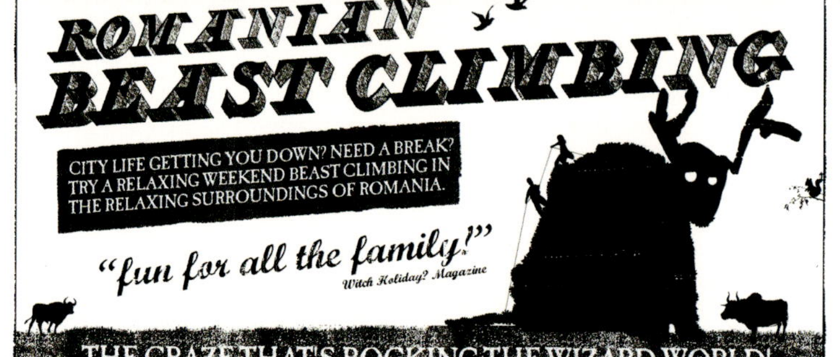

SECRET STASH OF POTENT POLYJUICE POTIONS UNCOVERED

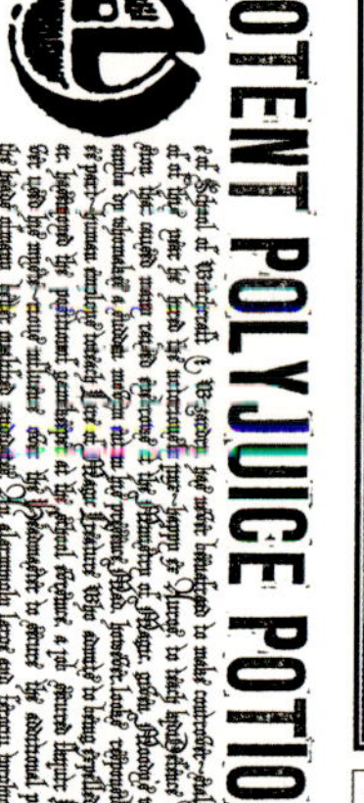

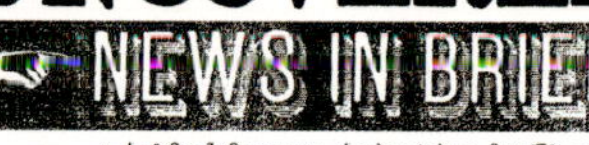

BLACK CARP Co.

Fully Insured

FLY IN SECURITY & COMFORT IN OUR PURE BLACK PERSIAN CARPETS

NO PLACE TOO FAR!

Portkeys - Tours - Long Journeys - Courier - Events

THE DEPT. OF MAGICAL TRANSPORTATION RECOMMENDS flying only in BLACK CARPS or AUTHORIZED MINI CARPS

BERTIE BOTTS RECALL

ANOTHER VICTIM?

DARK WIZARDS RUNNING

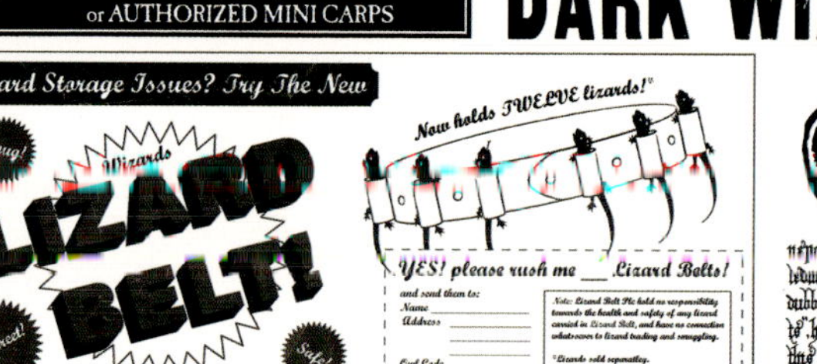

CONFUSED MUGGLE TRAINSPOTTERS IN

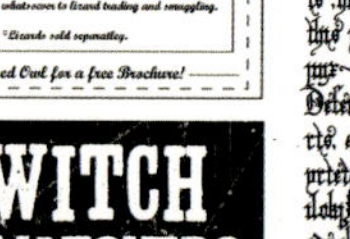

BESENWERBUNG

Die Grafiker Miraphora Mina und Eduardo Lima hatten die Aufgabe, die Seiten der Zauberzeitung *Der Tagesprophet* neben Zeitungsartikeln auch mit Kreuzworträtseln, Sportmeldungen und jeder Menge Werbung zu spicken. Das Team durchforstete die Romane von J. K. Rowling nach Ideen und fügte mit Erlaubnis der Autorin eigene Inhalte hinzu, die die kulturelle Vielfalt der Zauberwelt bereicherten. So entstand etwa eine Werbeanzeige für einen Familien-Kombi aus dem Hause Nimbus, den Fambus. Eines der Inserate bot auch Abhilfe bei lahmen Besen.

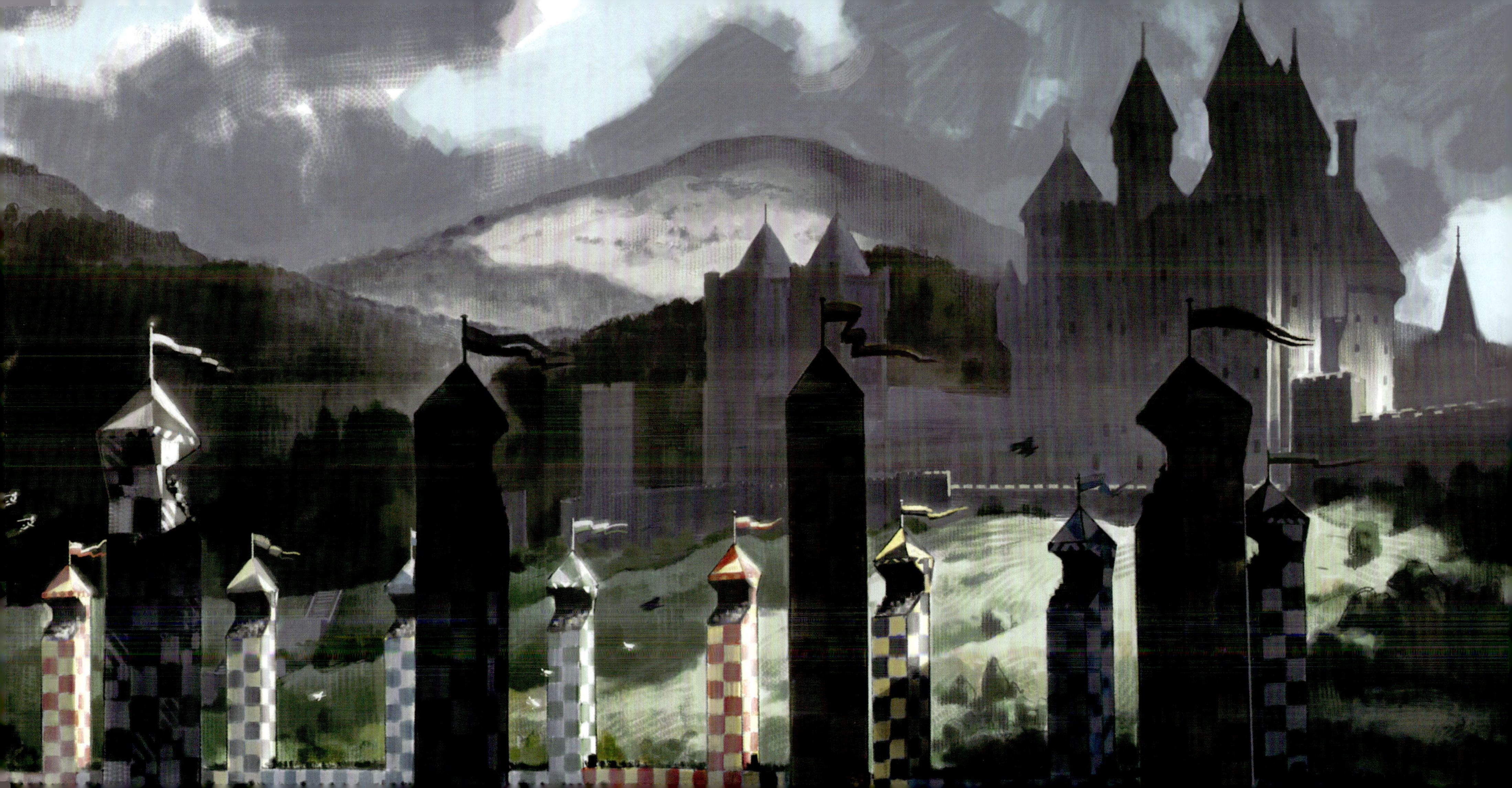

QUIDDITCH

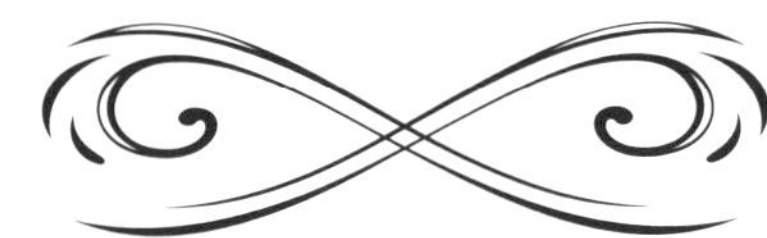

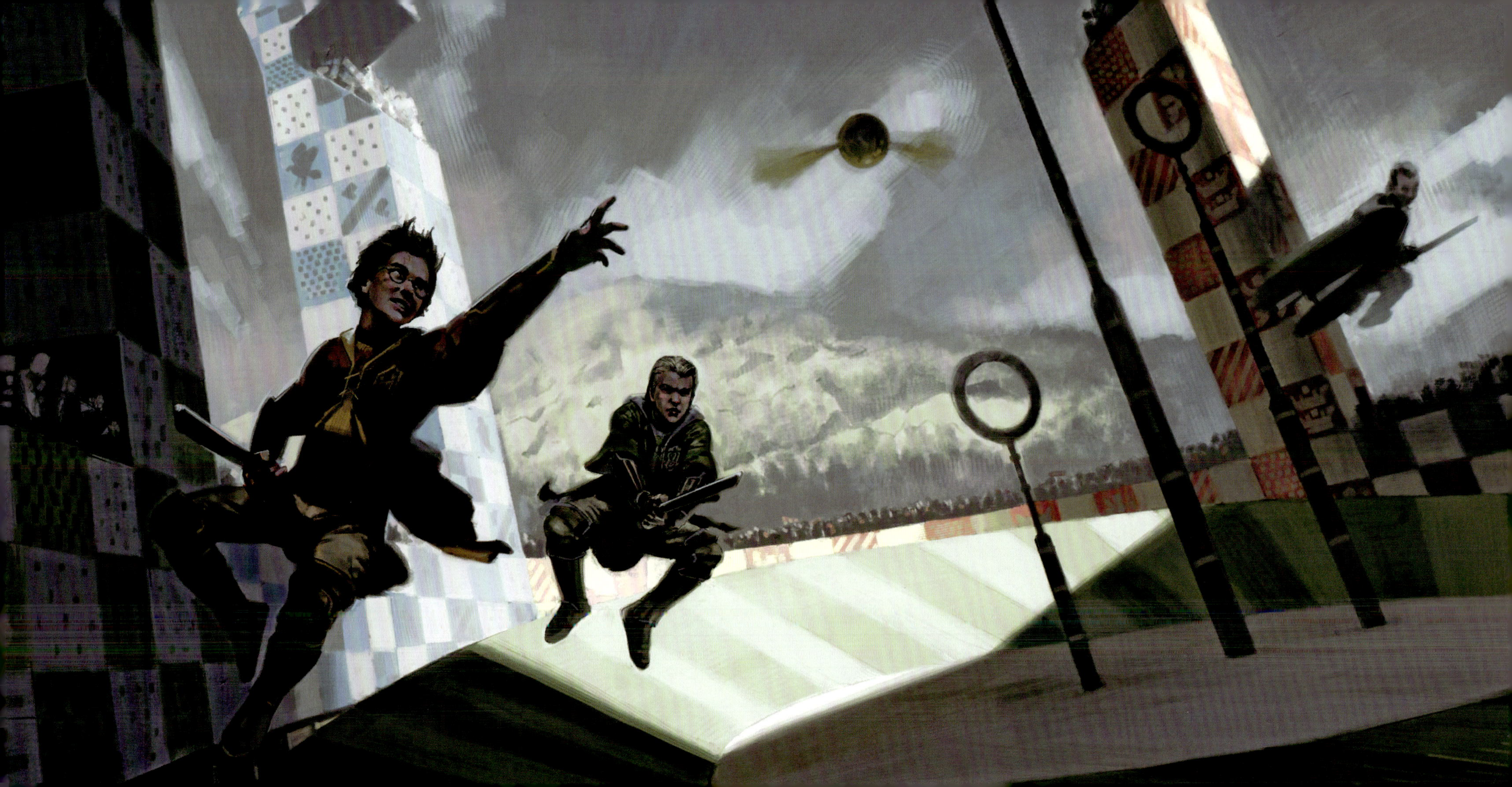

DIE BELIEBTESTE SPORTART IN DER ZAUBERWELT ist zweifelsohne Quidditch, das auf Besen fliegend gespielt wird. Jedes Team besteht aus sieben Spielern: drei Jägern, zwei Treibern, einem Hüter und einem Sucher. Die Jäger versuchen, Punkte zu erzielen, indem sie einen Ball, den sogenannten Quaffel, durch einen der drei gegnerischen Torringe werfen. Die Aufgabe des Hüters ist es, dies zu verhindern. Ein Tor zählt zehn Punkte. Gleichzeitig fliegen zwei verzauberte Bälle, die sogenannten Klatscher, übers Quidditch-Feld und versuchen, die Spieler von ihren Besen zu stoßen. Die Treiber wehren die Klatscher mit Schlägern von ihren Teamkollegen ab oder schlagen sie auf das gegnerische Team. Unterdessen setzt der Sucher alles daran, den Goldenen Schnatz zu fangen. Gelingt ihm das, erhält sein Team 150 Punkte, und das Spiel ist zu Ende.

„Es war wichtig, dass Quidditch etwas Gefährliches hatte, dass es rasant und – ich kann es nicht anders sagen – cool war“, verrät der Regisseur von *Harry Potter und der Stein der Weisen,* Chris Columbus. „Jeder, der den Film sah, sollte sagen: ‚Das wäre mein Lieblingssport.‘“ Szenenbildner Stuart Craig umgab das Quidditch-Feld mit hohen, rechteckigen Türmen. „So konnten die Fans das Geschehen hautnah mitverfolgen“, erklärt Stuart Craig. Außerdem konnten die Spieler um die Türme herumflitzen, was den Eindruck von Geschwindigkeit verstärkte.

Im Folgenden werfen wir einen näheren Blick auf die Rennbesen, die in den Harry-Potter-Filmen zu sehen sind, sowie den Goldenen Schnatz und andere Bestandteile der Quidditch-Ausrüstung.

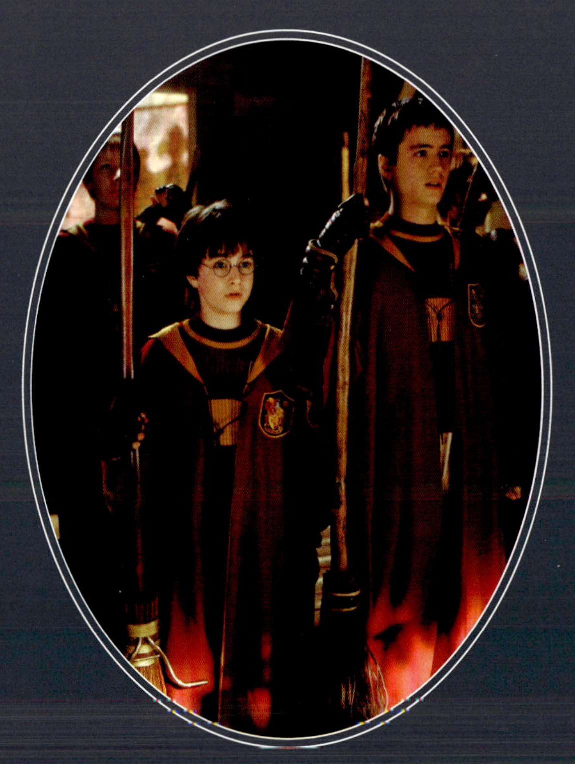

HARRY POTTERS NIMBUS 2000

„Das ist nicht irgendein normaler Besen, Harry. Das ist ein Nimbus 2000!“

Ron Weasley, *Harry Potter und der Stein der Weisen*

Da sich Neville bei der Flugstunde in *Harry Potter und der Stein der Weisen* verletzt hat, bringt ihn Madam Hooch in den Krankenflügel, und der Slytherin Draco Malfoy hebt das Erinnermich auf, das Neville verloren hat. Als sich der Junge damit auf seinen Besen schwingt und Harry ihm nacheilt, um es zurückzuholen, offenbart sich rasch Harrys Begabung fürs Fliegen. Er legt nämlich eine rasante Flugeinlage und eine spektakuläre Vollbremsung vor Professor McGonagalls Bürofenster hin. Die Hauslehrerin von Gryffindor ist davon so beeindruckt, dass sie ihn als neuen Sucher für das Gryffindor-Quidditch-Team vorschlägt. Rechtzeitig vor seinem ersten Spiel schenkt sie ihm sogar den zu der Zeit neuesten und schnellsten Flugbesen: den Nimbus 2000.

Dabei handelt es sich um einen ausgeklügelten Reisigbesen mit braun lackiertem Griff und stromlinienförmigen Borsten, die mit drei schmalen Goldspangen zusammengehalten werden. Am Stielende ist das Logo in Gold eingraviert. Neben dem Fahrradsitz wurden für Flugszenen auf dem Besen Fußstützen montiert. „Die Filmemacher wollten, dass die Schauspieler auf den Besen wie Jockeys mit angewinkelten Beinen ritten“, erklärt Pierre Bohanna. Im Gegensatz zu den Sitzen waren die Pedale ein sichtbarer Bestandteil eines jeden Besendesigns.

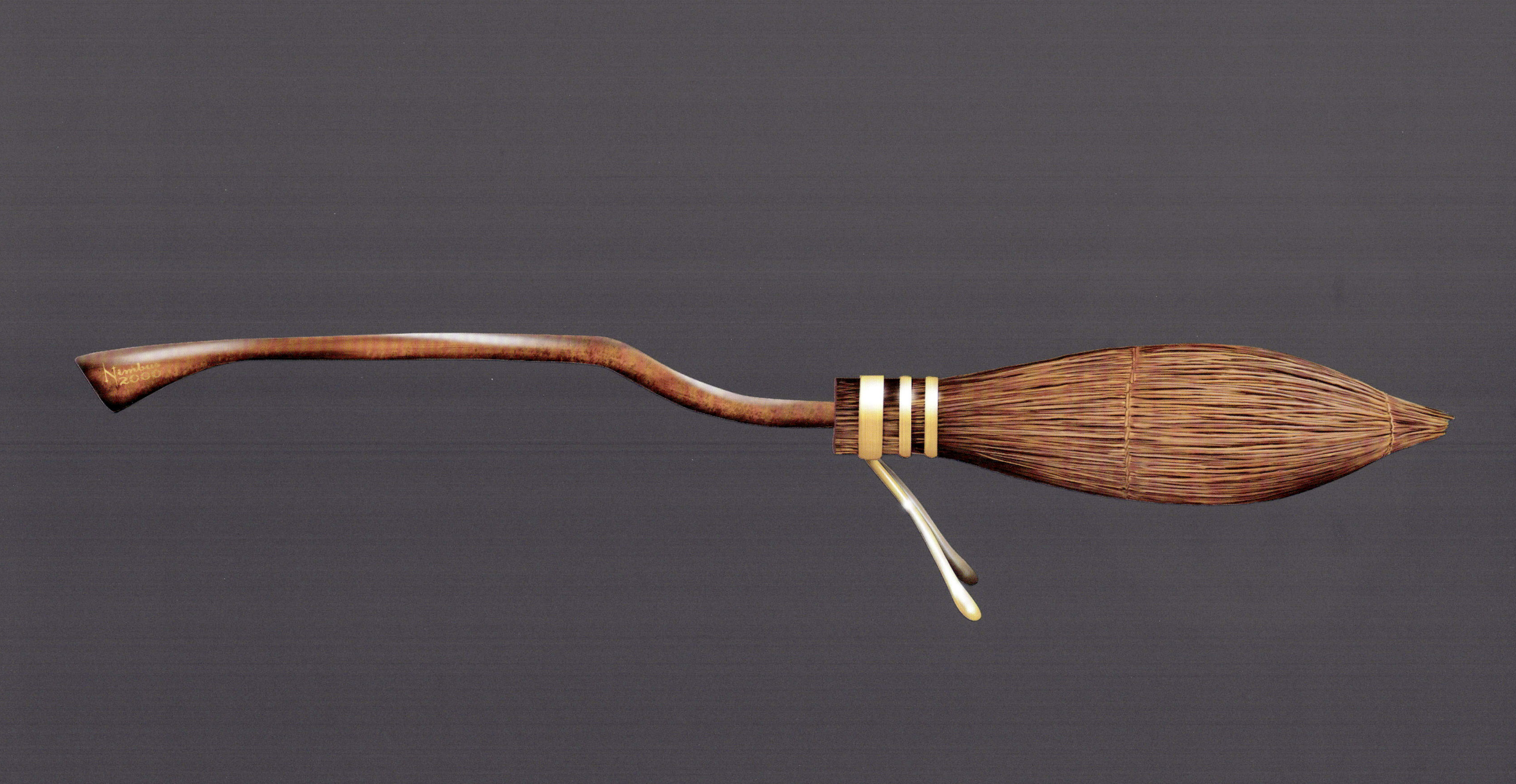
Nimbus 2000

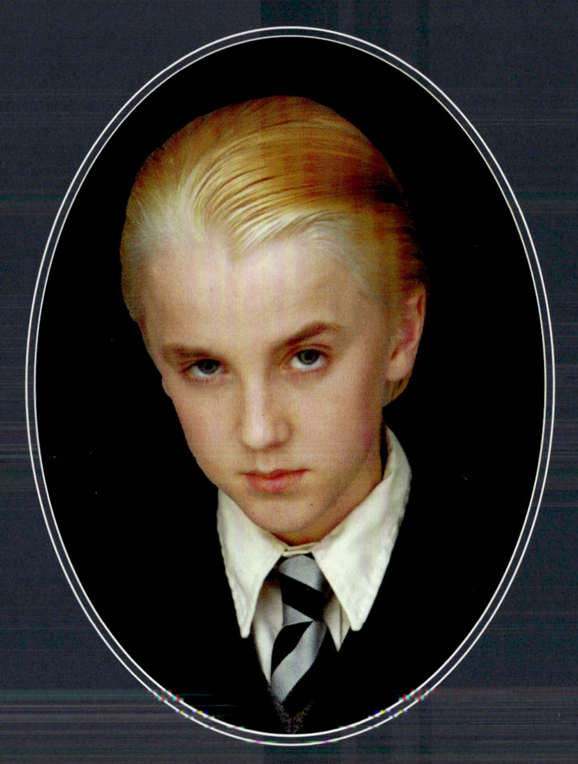

DRACO MALFOYS NIMBUS 2001

„Ja, Weasley, im Gegensatz zu anderen kauft mein Vater nur das Beste."

Draco Malfoy, *Harry Potter und die Kammer des Schreckens*

In *Harry Potter und die Kammer des Schreckens* wird das Gryffindor-Team am Training gehindert, weil das Slytherin-Team seinen neuen Sucher Draco Malfoy einweisen muss. Dieser ist stolzer Besitzer des neusten Besenmodells aus dem Hause Nimbus – des Nimbus 2001. Genauer gesagt hat Dracos Vater Lucius das gesamte Slytherin-Team damit ausgestattet.

Das pechschwarze Stück hat einen geraden Stiel mit schlangenkopfförmigem Ende, auf dem das Logo in Silber graviert ist. Die sauber getrimmten Borsten umspannt ein breiter silberner Ring. Was dieses Exemplar so einzigartig macht, sind seine Fußstützen, die stark an Fahrradpedale erinnern. Der Reiter hakt aber dennoch wie bei anderen Modellen seine Knöchel darüber ein.

Im Studio wurden die Besenstiele für die Schauspieler auf einer hydraulischen Stange mit einem Sitz am Ende montiert. „Die Befestigung war flexibel, sodass sich die Stange in jede Richtung bewegen ließ", erklärt der Verantwortliche für Spezialeffekte, John Richardson. „Bei Szenen, in denen die Kinder kopfüber fliegen oder von ihren Besen hängen, wurde die Stange oberhalb oder unterhalb der Schauspieler angebracht." Zu ihrer Sicherheit waren die Schauspieler mit Gurten an den Sitzen festgeschnallt.

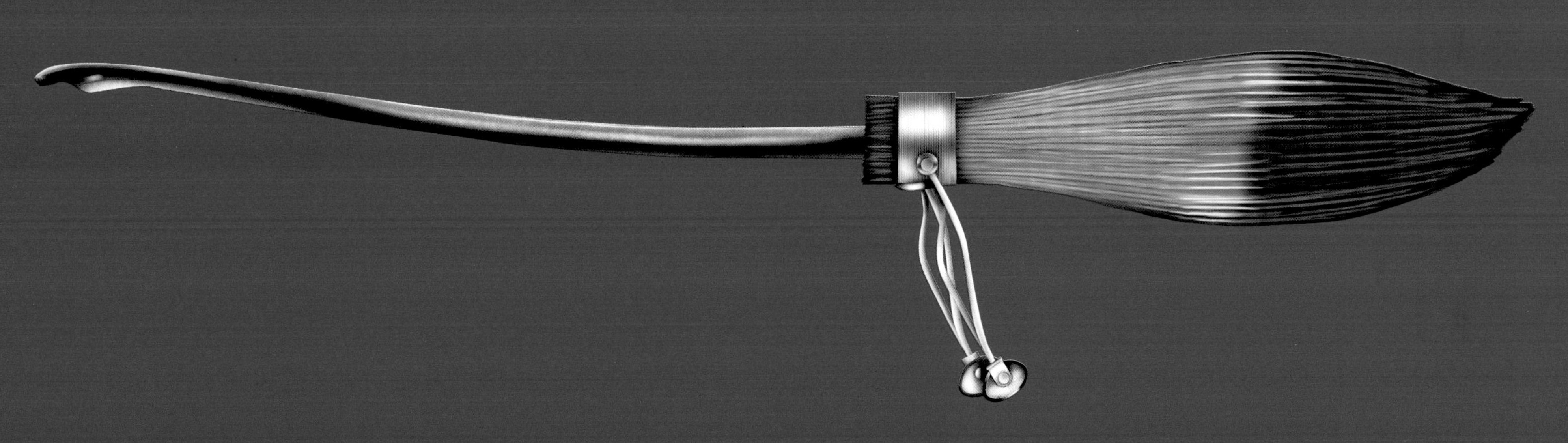

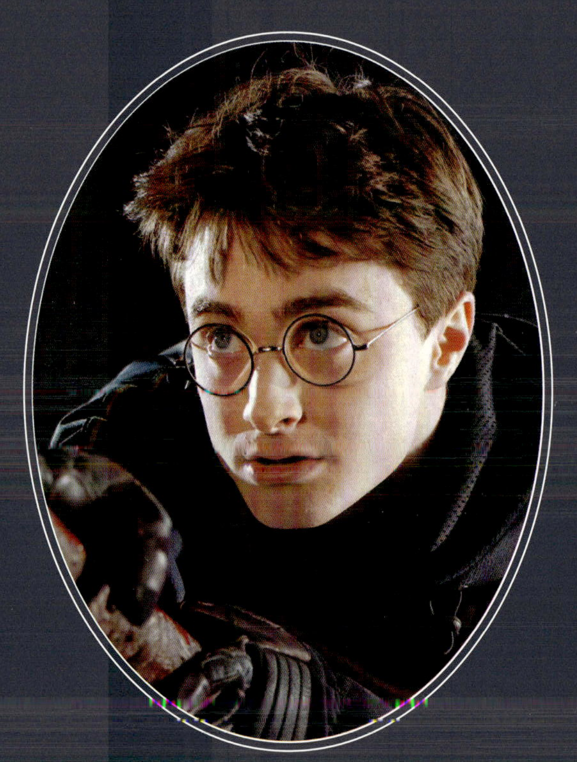

HARRY POTTERS FEUERBLITZ

„Ich wollte es nicht aufmachen, Harry. Es war schlampig verpackt. Und die haben mich gezwungen!“

Ron Weasley, *Harry Potter und der Gefangene von Askaban*

In *Harry Potter und der Gefangene von Askaban* suchen Dementoren ein Quidditch-Spiel bei heftigem Unwetter heim, sodass Harry die Kontrolle über seinen Besen verliert und zu Boden fällt. Der Junge wird von Schulleiter Albus Dumbledore mithilfe des *Arresto Momentum*-Zaubers gerettet, sein Nimbus 2000 landet aber in der Peitschenden Weide, die buchstäblich Kleinholz aus dem Besen macht. Am Ende der Ereignisse in *Der Gefangene von Askaban* bekommt Harry einen Feuerblitz von seinem Patenonkel Sirius Black geschenkt. Dieses Modell übertrumpft die Nimbus-Serie in puncto Schnelligkeit um einiges, und Harry kann es gar nicht erwarten, den Besen auszuprobieren.

Vor den Dreharbeiten zu *Der Gefangene von Askaban* gab Regisseur Alfonso Cuarón neue Zauberstäbe in exotischen Holzarten und mit organischeren Designs für die Schauspieler in Auftrag. Auch im Feuerblitz spiegelt sich diese neue Ästhetik wider. Der Stiel aus knorrigem dunklem Holz ist nur am Ende geglättet, poliert und mit zehn goldenen Symbolen graviert. Diese wären nach Vorstellung des Konzeptkünstlers Dermot Power ins Holz gebrannt worden. Die Borsten sind zurechtgestutzt, wenn auch nicht so sauber wie bei den Nimbus-Modellen, und werden von Metallringen zusammengehalten.

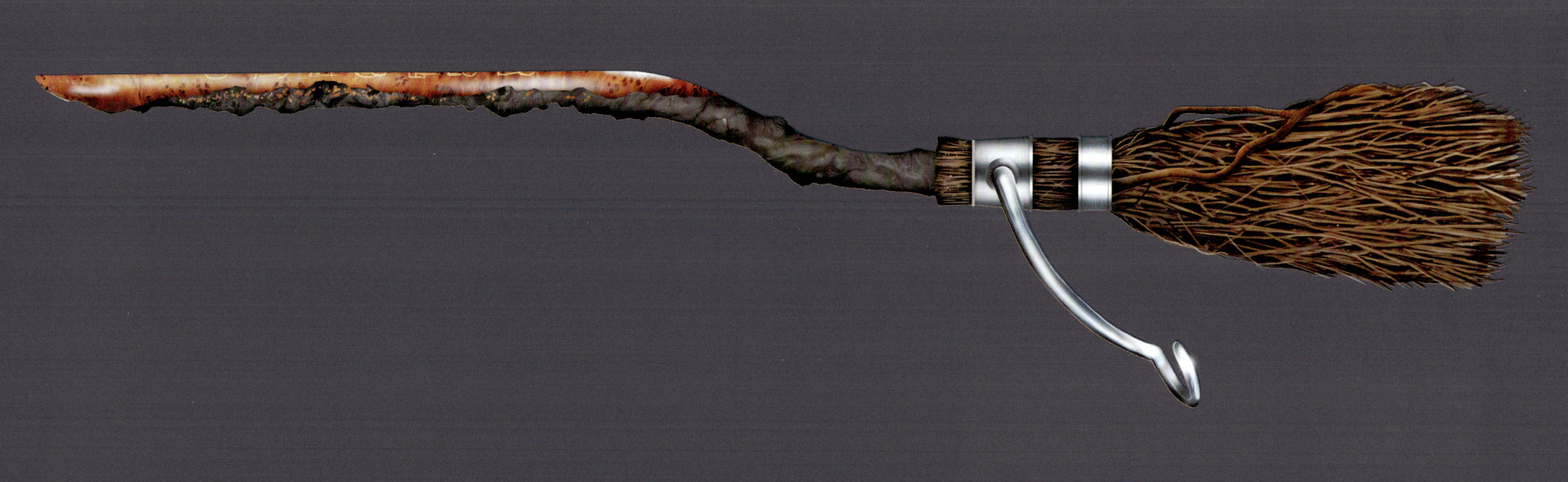

VERZIERUNGEN AM FEUERBLITZ

Konzeptkünstler Dermot Power legte mehrere Vorschläge für die einzigartige Oberfläche des Feuerblitzes vor. Inspiriert hat ihn die stark verwitterte Unterseite des Besenstiels, die im Gegensatz zur glatt polierten Oberseite eine raue, natürlich gewachsene ornamentale Struktur des Holzes aufweist. Goldene Runen wurden in das glatte Holz eingesetzt und verliefen den gesamten Stiel hinab. Die Vorlagen für die Runen stammen von der Szenenbild-Abteilung. Der Besen auf Seite 39 ist ein früher Entwurf mit breitem Goldblech, das die Borsten zusammenhält (siehe Seite 132).

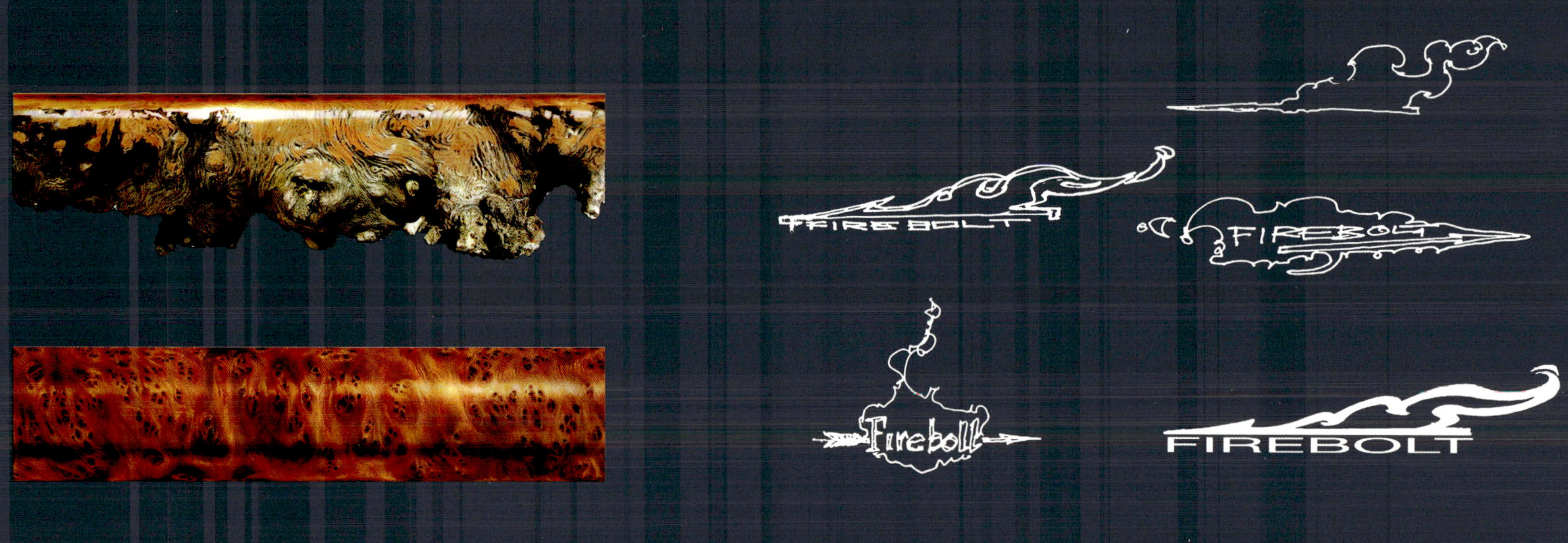

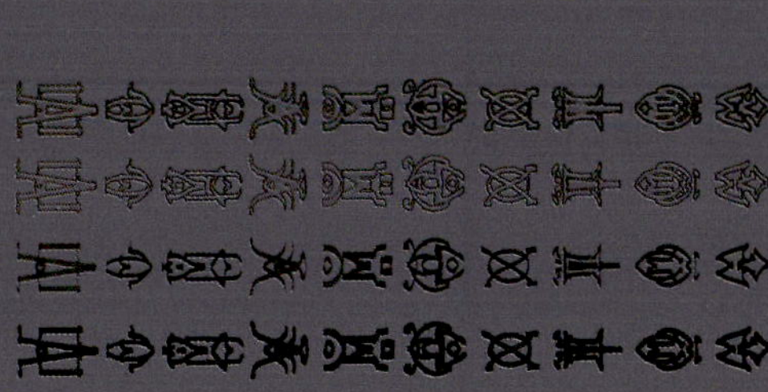

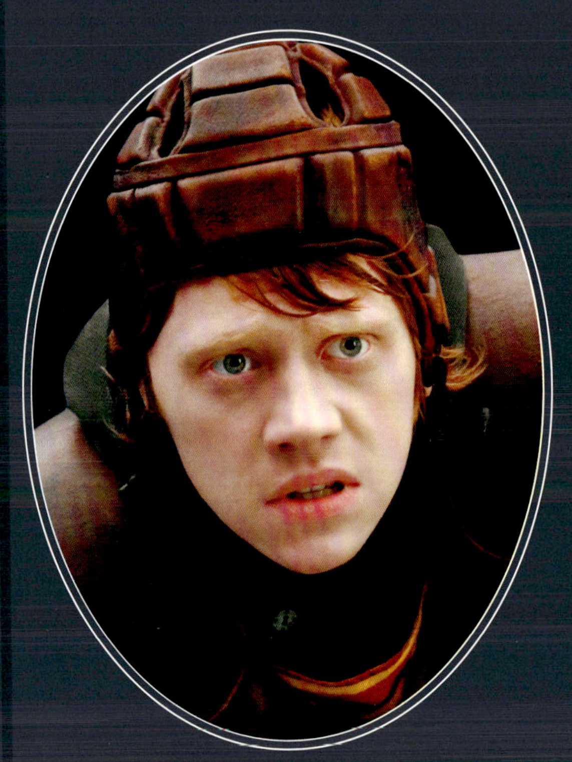

RON WEASLEYS BESEN

„Weasley! Weasley! Weasley!“

Gryffindor-Fans, *Harry Potter und der Halbblutprinz*

Nachdem weder in *Harry Potter und der Feuerkelch* noch in *Harry Potter und der Orden des Phönix* irgendwelche Quidditch-Szenen vorkamen, war Schauspieler Rupert Grint (Ron Weasley) ganz aus dem Häuschen, als er las, dass das Spiel in *Harry Potter und der Halbblutprinz* eine wesentliche Rolle einnehmen würde. „Ich war mir sicher, dass die Zuschauer darauf brannten, nach all der Zeit endlich wieder etwas Quidditch zu sehen zu bekommen“, so Rupert Grint. „Doch besonders aufgeregt war ich natürlich wegen Ron. Endlich bekam ich die Chance, auf einem Besen zu sitzen und umherzufliegen“, fügt er hinzu.

Rons Besen ist schlicht, was wohl auch auf die finanzielle Situation seiner Familie hinweist. Er hat einen leichten Holzstiel, Pedale in Silber und lange Borsten, die sich am Ende leicht nach oben biegen. Bis dahin war Ron nur ein einziges Mal mit einem Besen zu sehen gewesen, und zwar bei der ersten Flugstunde, wo der Besen mitten in seinem Gesicht landete.

Als er mit etwas Hilfe von Hermine einen Platz als Hüter im Quidditch-Team von Gryffindor ergattert, hat er vor seinem ersten Match riesiges Lampenfieber. Zum Glück weiß Harry das Selbstvertrauen seines Freundes zu stärken, indem er vorgibt, den Zaubertrank Felix Felicis in Rons Saft zu mischen. „Er macht sich recht gut, also wird er ziemlich großspurig“, erklärt Rupert Grint. „Das war lustig zu spielen, denn diese Seite von Ron konnte ich zuvor noch nie zeigen.“

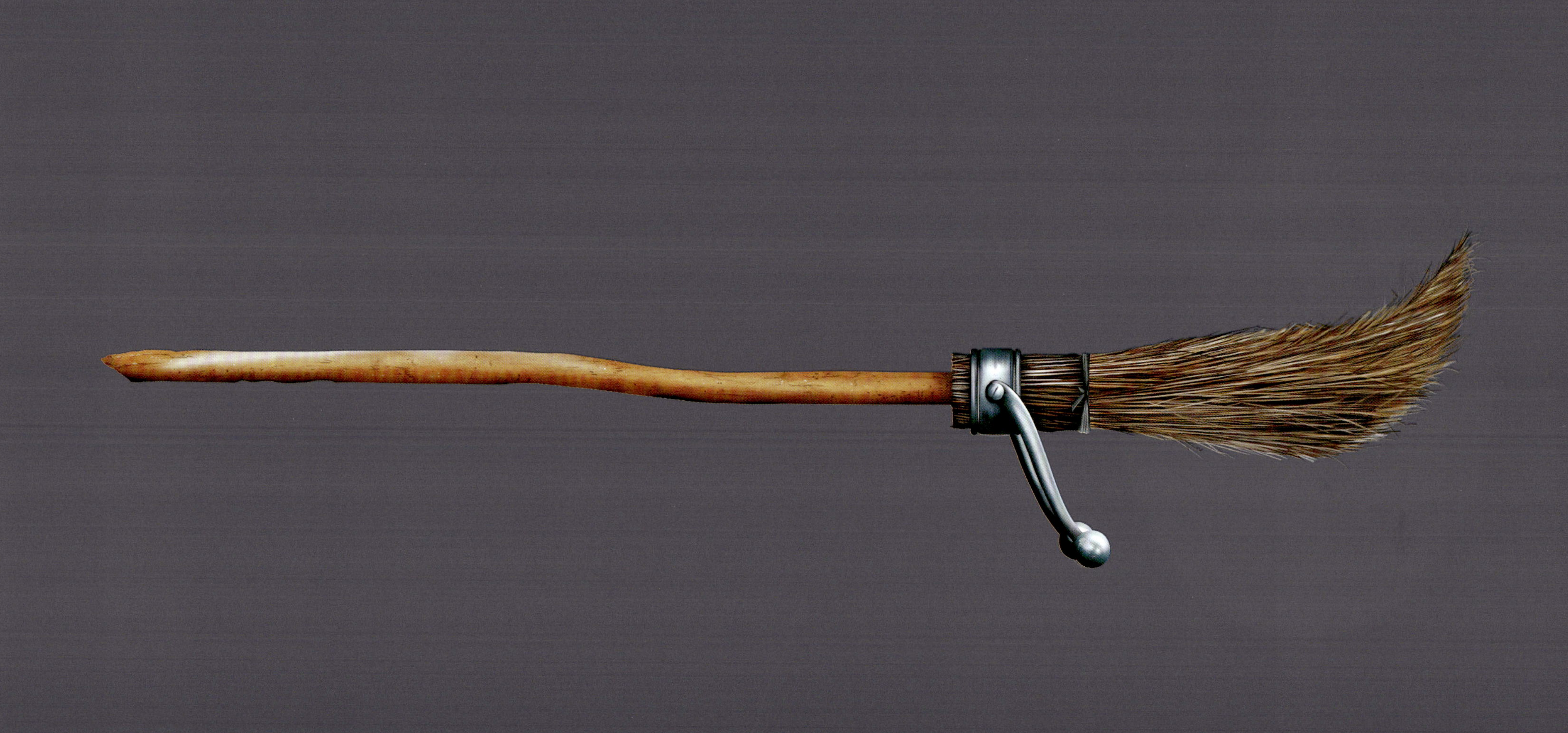

CORMAC McLAGGENS BESEN

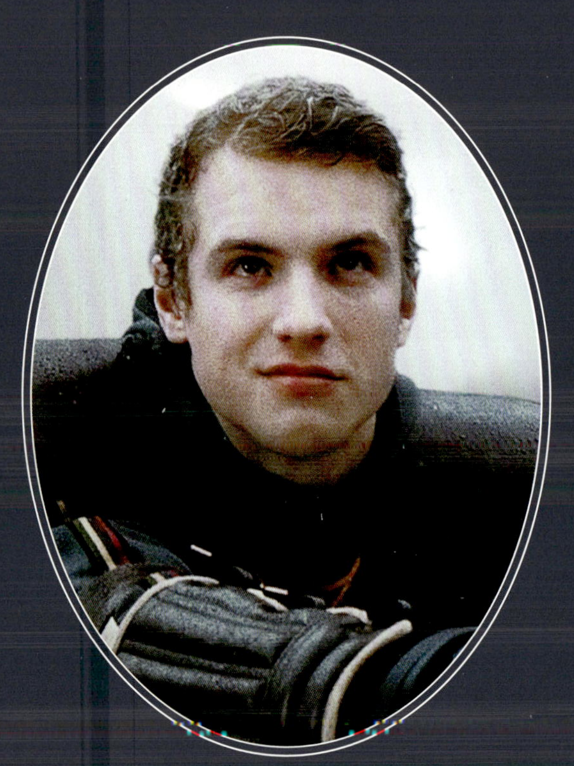

„Es gibt doch keinen Stress, Weasley, oder? … Na ja, weil ich auch Hüter werden will. Es ist nichts Persönliches."

Cormac McLaggen, *Harry Potter und der Halbblutprinz*

Ron Weasleys Mitstreiter um die Position des Hüters ist der unglaublich flinke (und etwas überhebliche) Cormac McLaggen, gespielt von Freddie Stroma. McLaggen brennt nicht nur darauf, Hüter zu werden, sondern möchte, wie er zu Ron sagt, auch Hermine näherkommen.

Um die körperlichen Unterschiede zwischen den beiden Möchtegern-Hütern noch besser zu verdeutlichen, trainiert McLaggen mit einem Besen, der etwas imposanter wirkt als die Besen der anderen Spieler. Das Exemplar ähnelt im Stil dem von Viktor Krum. Das Holz des Griffs und die Fußpedale haben eine matte Oberfläche. Die Borsten sind grob angeordnet.

Ron hat mächtig Bammel vor der Qualifikation zwischen ihm und Cormac. Also trickst Hermine Granger ein wenig mit dem Verwechslungszauber, sodass Cormac zu viele Quaffel verpasst und sich geschlagen geben muss.

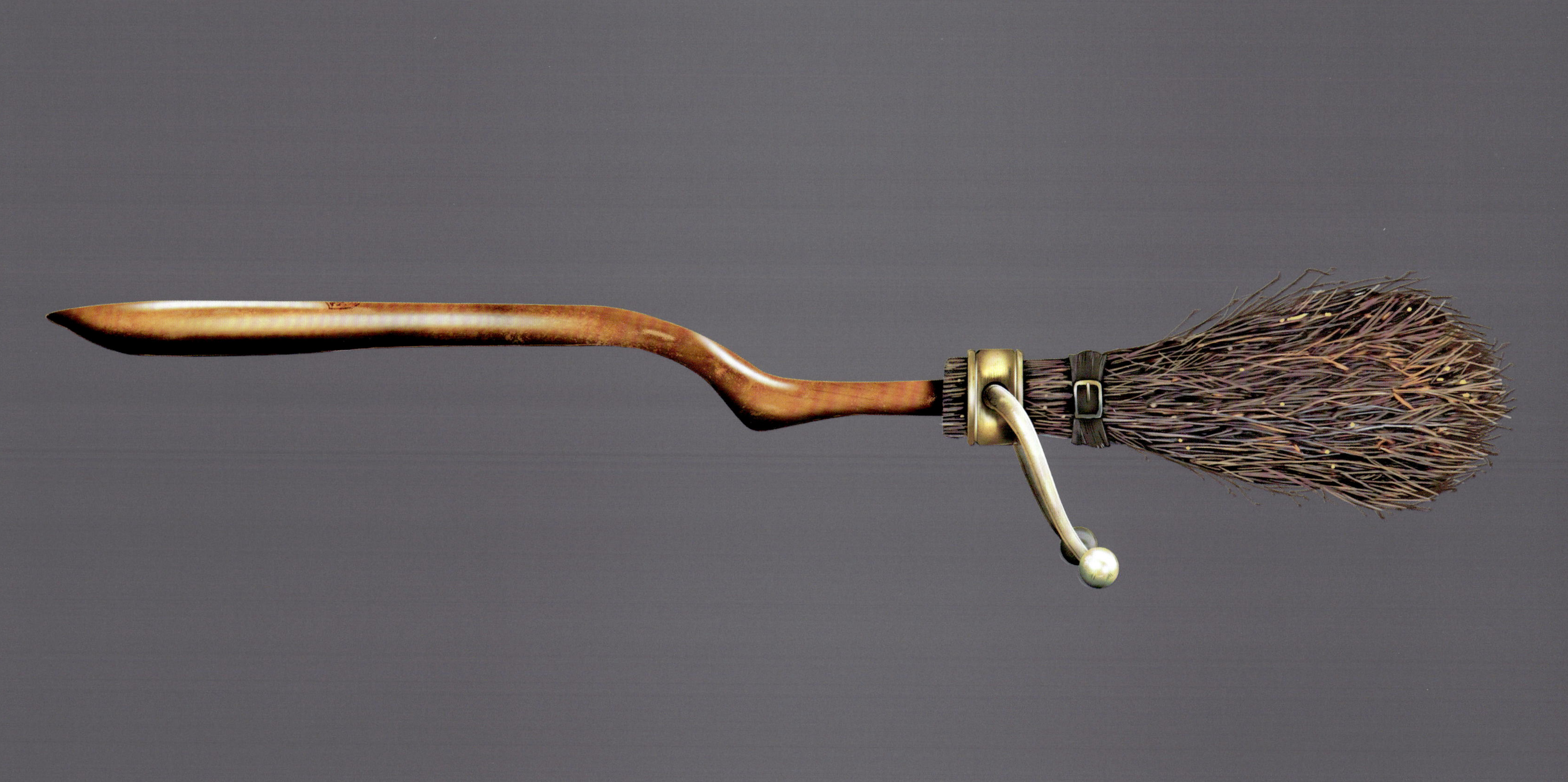

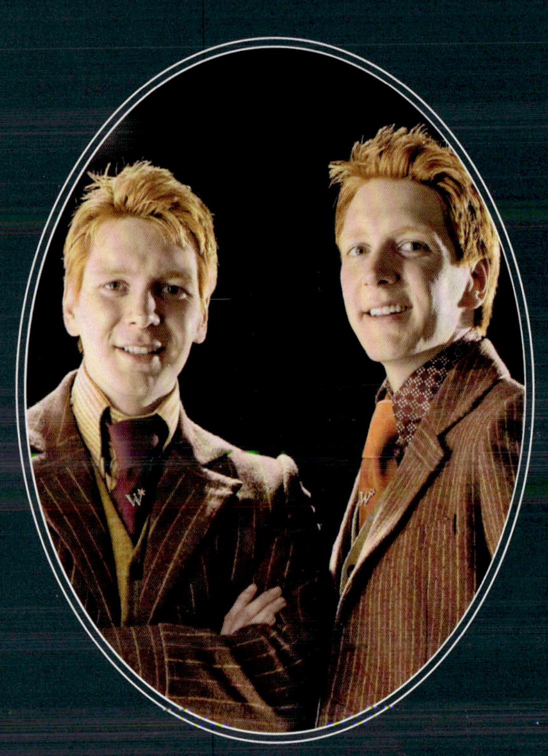

FRED UND GEORGE WEASLEYS BESEN

„Als Treiber sorgen wir dafür, dass du nicht so übel aufgemischt wirst. Versprechen können wir natürlich nichts. Voll heftiges Spiel, Quidditch!"

George Weasley, *Harry Potter und der Stein der Weisen*

Fred und George Weasley sind Treiber von Gryffindor, als Harry Potter als Sucher zu deren Quidditch-Team stößt. Sie schlagen die quirligen Klatscher mit kurzen Schlaghölzern. Die Besen, auf denen die Zwillinge in *Harry Potter und der Stein der Weisen* reiten, sind ganz schlicht.

Die Darsteller durften kein Wort über den Dreh der Quidditch-Szenen in *Harry Potter und der Stein der Weisen* verlieren. „Als uns die Leute also fragten, wie die Szenen gefilmt wurden, behaupteten wir immer, dass wir Fallschirme benutzt hätten", verrät Oliver Phelps (George). „Oder dass sie uns beim Skydiving gefilmt hätten", ergänzt sein Zwillingsbruder James (Fred). In einer anderen Version hingen die beiden an einem Seil von einem Flugzeug herab.

Während der Ereignisse von *Harry Potter und der Orden des Phönix* beschließt das geschäftstüchtige Duo, sich mit einem fulminanten Feuerwerk in der Großen Halle von Hogwarts zu verabschieden. Dabei fliegen Fred und George auf neuen, auffälligen Besen, die besser zu ihrem Image passen. Die Borsten sind unverkennbar orange. Freds Besen ist am Griffende mit roten und goldenen Kreisen in den Hausfarben von Gryffindor versehen und mit Lederbändern umwickelt. Auf dem Stiel von Georges Exemplar ist der Name „WEASLEY" eingraviert, das A ziert ein Stern.

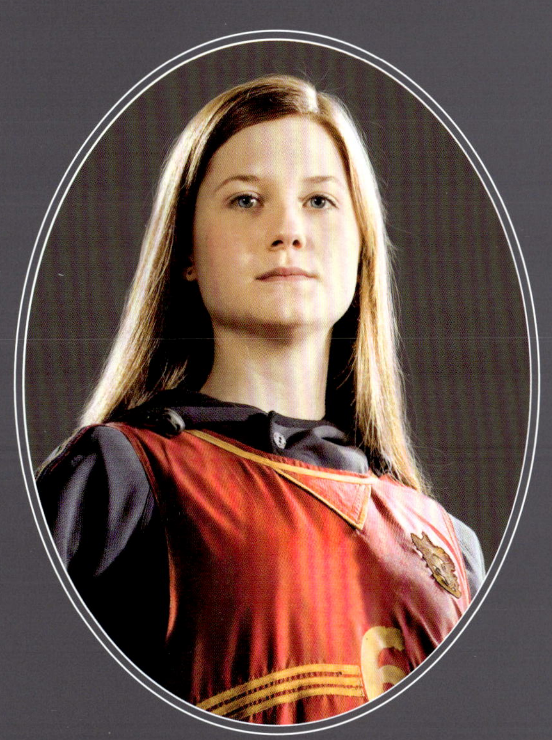

GINNY WEASLEYS BESEN

„Schnauze halten!“

Ginny Weasley, *Harry Potter und der Halbblutprinz*

Als Harry Potter in *Harry Potter und der Halbblutprinz* Testspiele für das Team der Sechstklässler durchführt, erhält er Unterstützung von Ginny Weasley, der Jüngsten der sieben Weasley-Sprösslinge. Sie ist nämlich eine unglaublich geschickte Quidditch-Spielerin. „Dabei kommt sehr viel von Ginnys Selbstvertrauen zum Vorschein“, meint Bonnie Wright, die sie verkörperte. „Und auch ein Hauch ihres ehrgeizigen, fast zu selbstbewussten Ichs.“

Ginny fliegt einen Besen mit geradem Stiel, ähnlich jenem von Ron. Die Borsten, die von einem Gürtel zusammengehalten werden, stehen aber, anders als bei Ron, nach außen und werden zum Ende hin immer rötlicher. Ginnys Talent ist ziemlich beeindruckend – als Jägerin muss sie den Quaffel fangen, halten oder werfen. Das bedeutet, dass sie sich oft nur mit einer Hand am Besen festhalten kann.

Bonnie Wright hatte im Laufe der Jahre von ihren Schauspielerkolleginnen und -kollegen allerlei Geschichten über das Besenfliegen gehört. „Einige meinten, es sei furchtbar, andere fanden es echt lustig“, erinnert sie sich. Sie selbst hatte zunächst etwas Angst davor. „Ich habe eigentlich keine Höhenangst, aber diese hydraulischen Besensysteme bringen einen ziemlich weit nach oben. Nicht alles entsteht im Computer“, erklärt sie. „Viele der Bewegungen muss man selbst machen. Bei einem Manöver drehte ich mich horizontal um 360 Grad, und ich dachte nur ‚Oh, oh!‘“

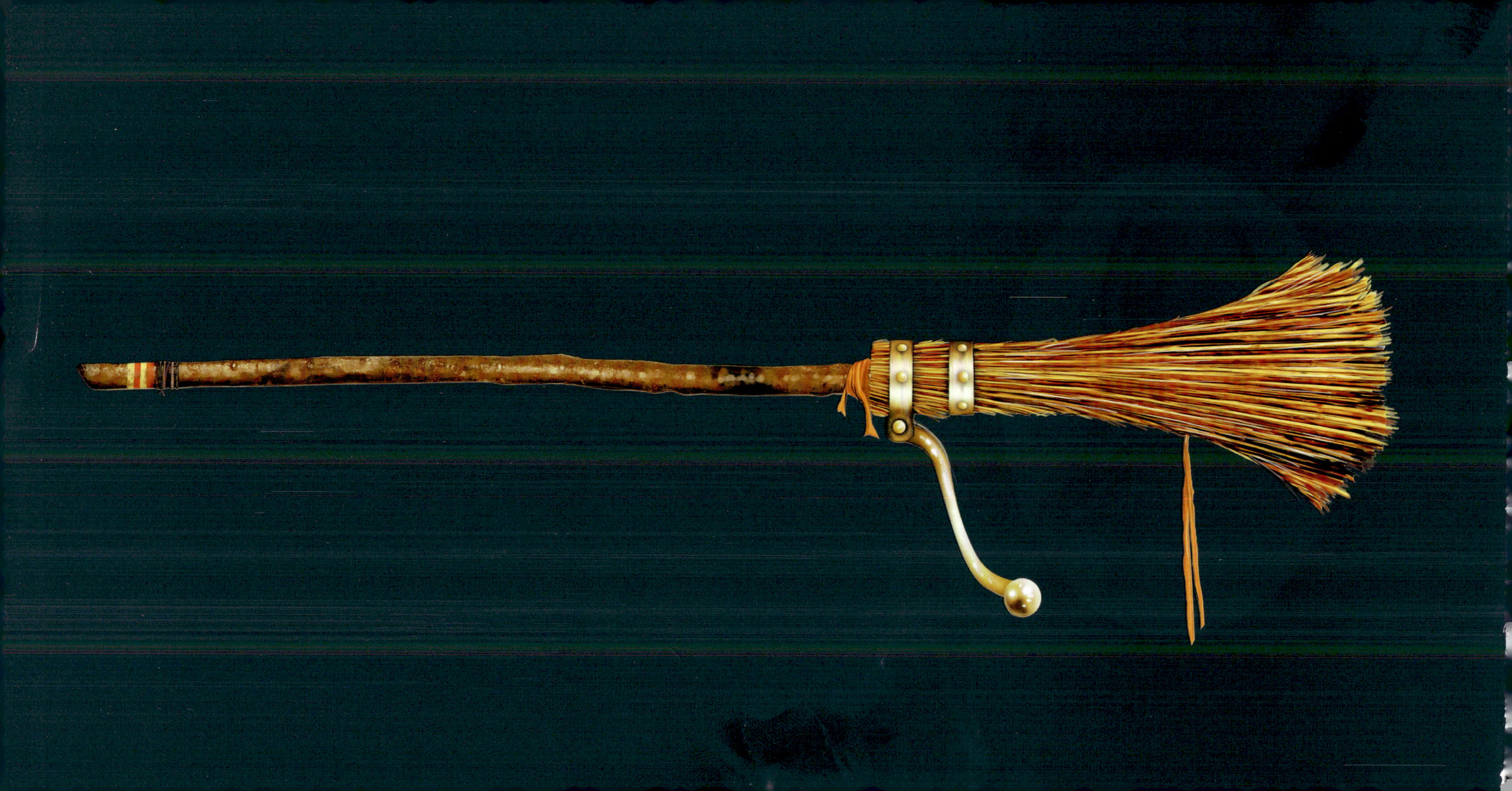

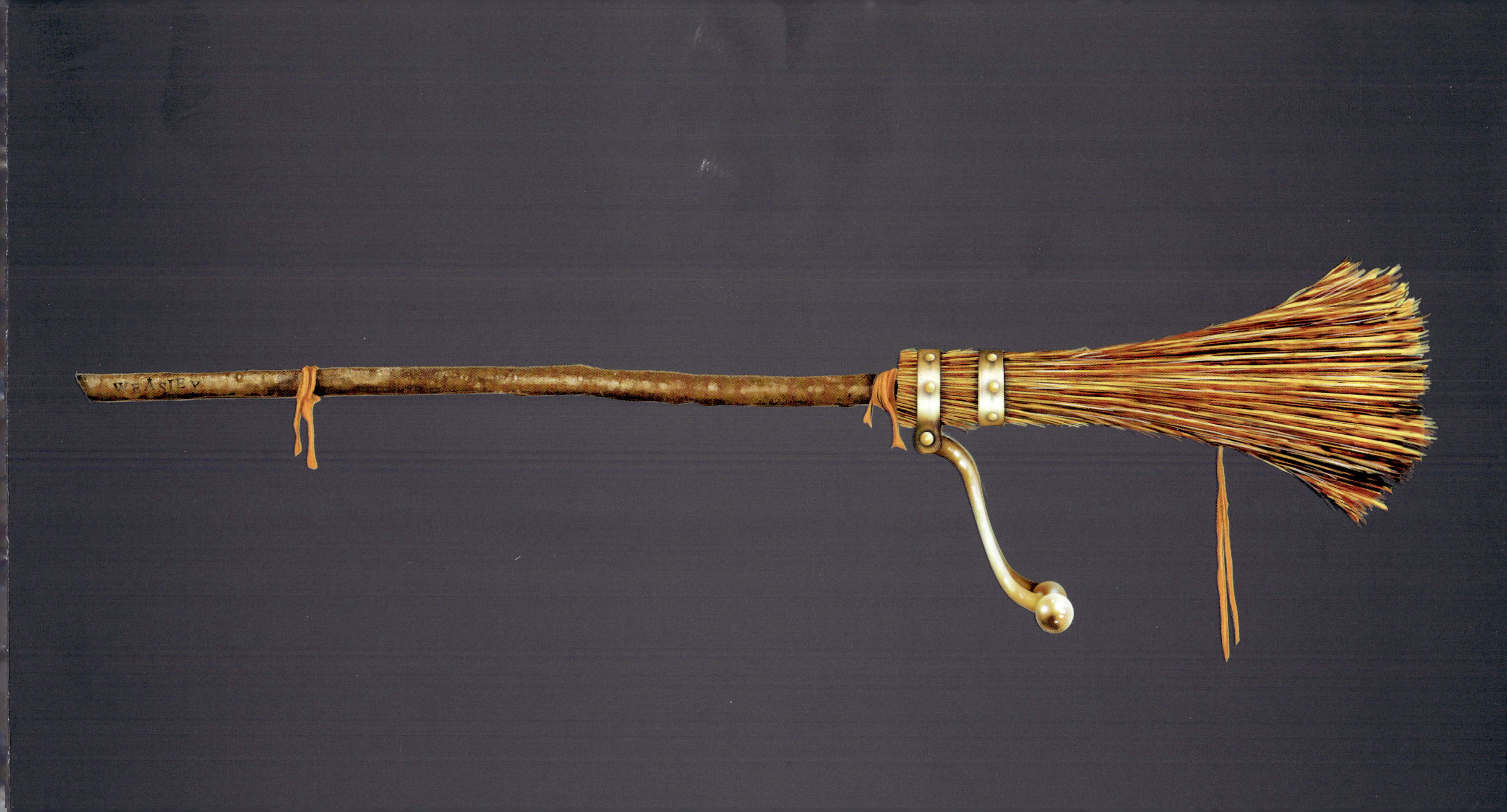
WEASLEY

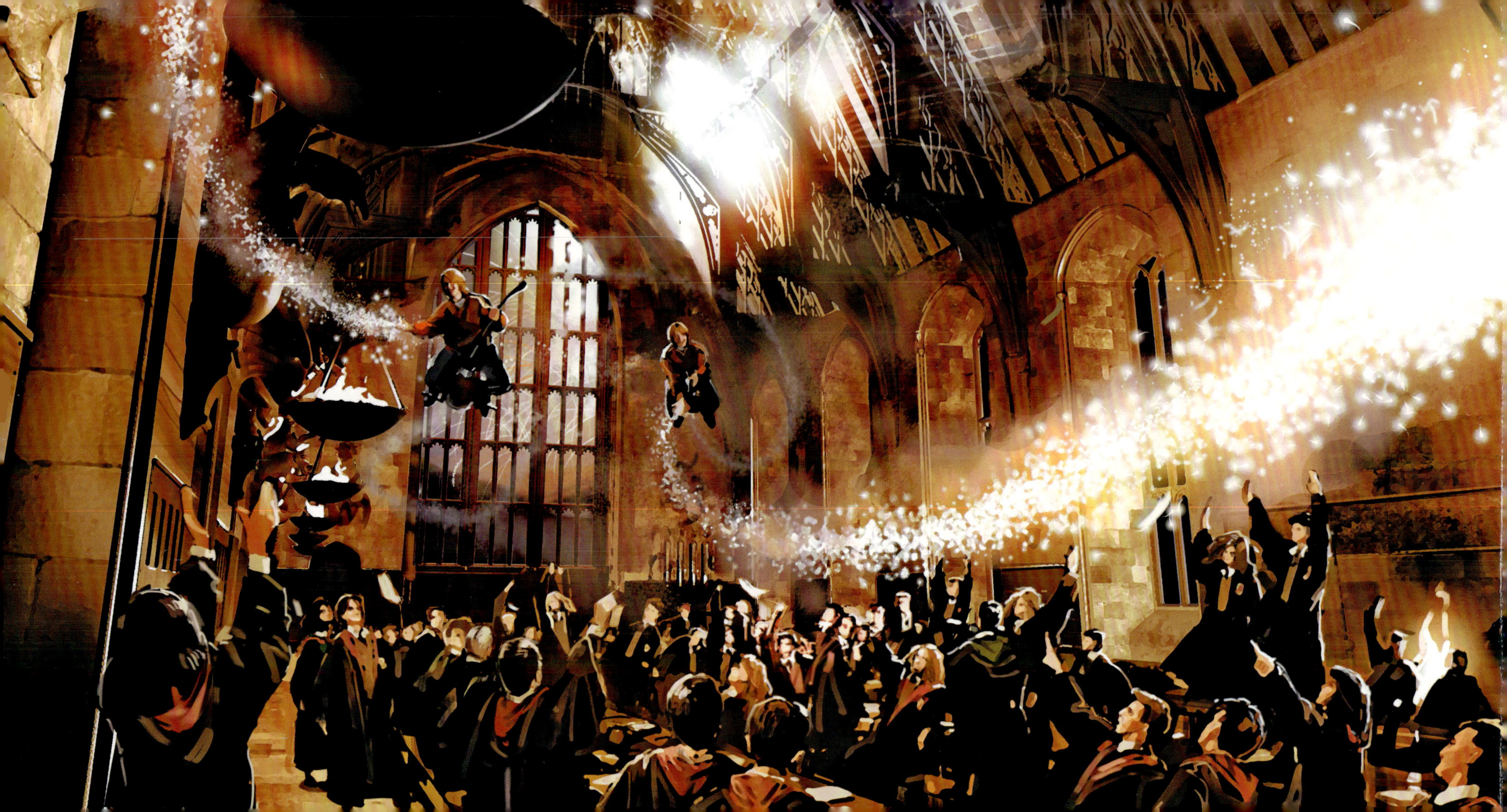

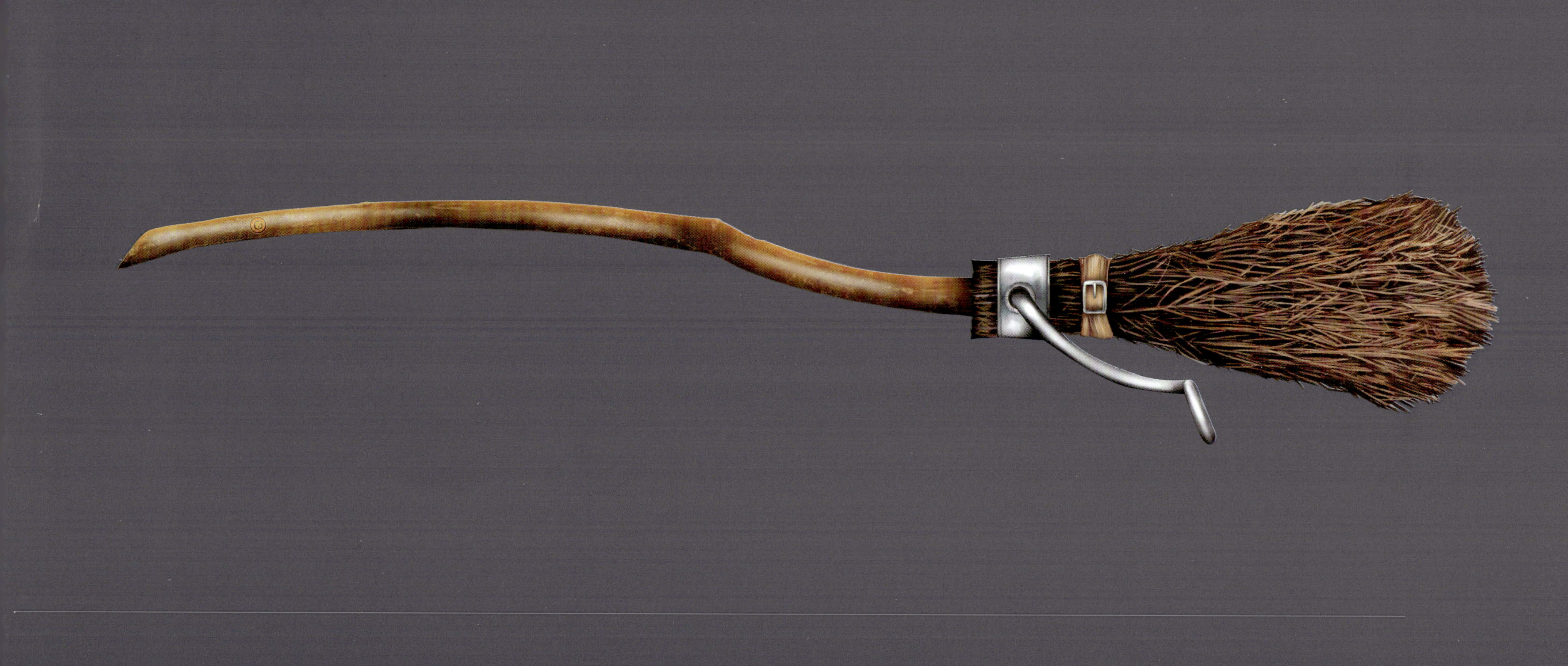

DIE QUIDDITCH-TRUHE

Als Harry in *Harry Potter und der Stein der Weisen* zum Sucher des Quidditch-Teams von Gryffindor ernannt wird, erhält er von Teamkapitän Oliver Wood eine ganz persönliche Einweisung ins Spiel. Dazu benutzen die beiden eine abgewetzte Truhe mit allen Bällen, die bei diesem Sport zum Einsatz kommen: der große Quaffel in der Mitte, zwei mit Ketten festgebundene Klatscher und der Goldene Schnatz.

Die ersten Entwürfe zur Truhe zeigten kunstvolle Klemmen, Schnallen und Eckenschoner aus Metall. Die Version, die es letztlich auf die Leinwand schaffte, orientierte sich aber am Ansatz des Requisitenbauers Pierre Bohanna, wonach die Schulausstattung typischerweise grob und abgenutzt aussah. Die Innenseite des Deckels zeigt farbenprächtige Darstellungen von acht Wappen, die die Grafikabteilung entwarf. In der Mitte prangt ein aufklappbares Schild mit Tierdarstellungen, die die vier Häuser von Hogwarts symbolisieren. Dahinter befindet sich der Goldene Schnatz.

Das endgültige Design der Truhe ist das Ergebnis der Zusammenarbeit zwischen der Requisitenabteilung, der Grafikabteilung und dem Team für Spezialeffekte. Letzteres sorgte dafür, dass sich die Kiste mit den ungeduldigen Klatschern rüttelte und schüttelte.

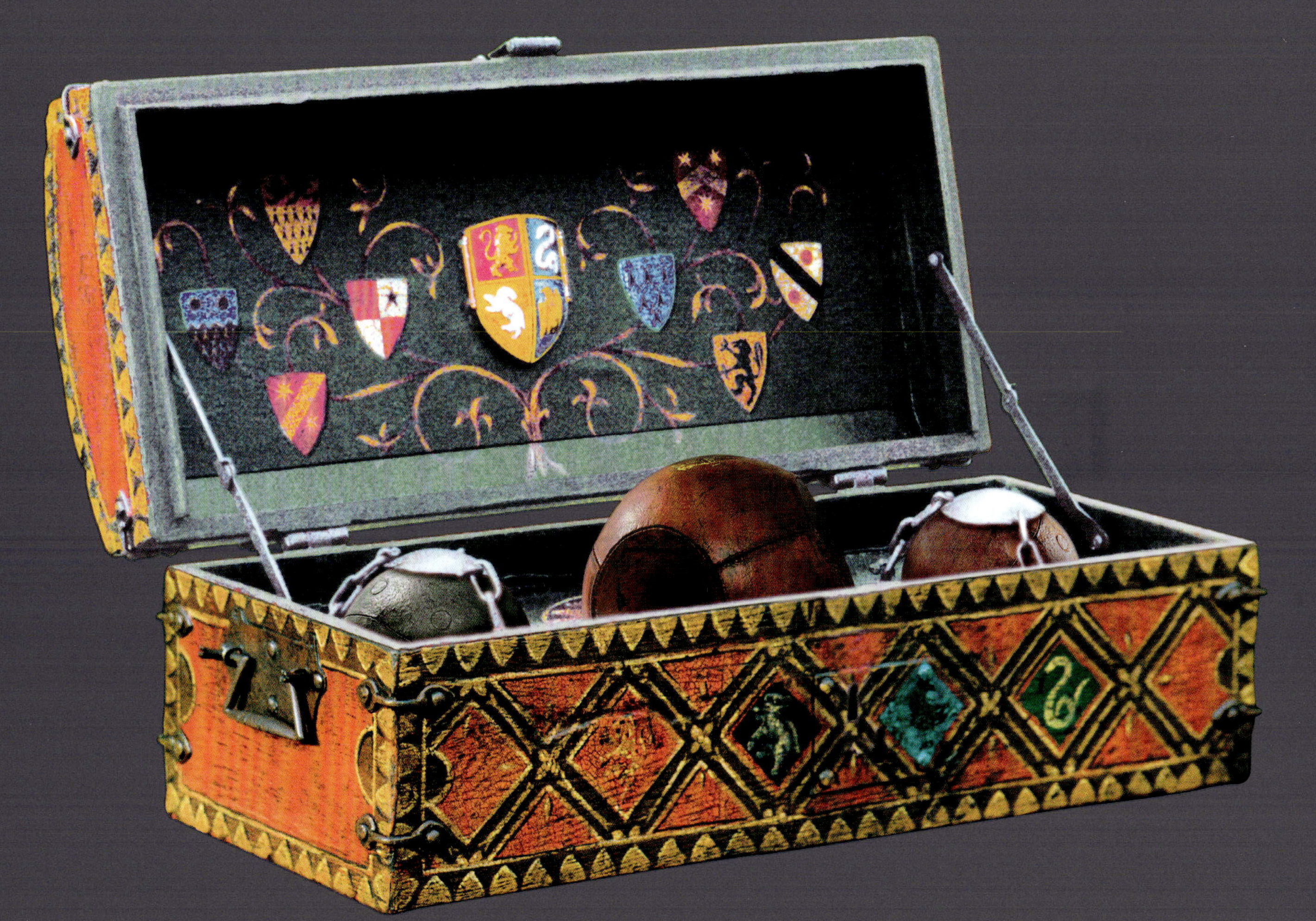

DER QUAFFEL

„Drei Arten Bälle gibt es. Das ist der sogenannte Quaffel.“

Oliver Wood, *Harry Potter und der Stein der Weisen*

Der Quaffel ist der größte Ball im Quidditch. Von der Größe her liegt er zwischen einem Fußball und einem Basketball der Muggelwelt. Zwar ist das Spiel zu Ende, sobald ein Team den Goldenen Schnatz fängt, doch könnte theoretisch auch das gegnerische Team siegen, wenn es genügend Quaffel-Tore erzielt hat.

Der Prototyp für den Quaffel wurde zunächst aus Wachs gefertigt. „Dieser Musterform wurden dann unsere Gussformen nachempfunden“, erklärt Pierre Bohanna. Das Modell hatte einen Schaumstoffkern, der mit rotem Plattenwachs überzogen wurde. So erhielt er eine lederartige Textur. Der Ball hatte ein ausgebleichtes Hogwarts-Wappen und abgewetzte Nähte, die vom jahrelangen Einsatz zeugen sollten. „Dieser Gedanke zog sich durch die gesamte Quidditch-Ausrüstung“, meint Pierre Bohanna. „Sie sah mitgenommen aus und gehörte zum Schulinventar. Alles war ziemlich abgenutzt und ramponiert.“ Insgesamt wurden vier Quaffel für *Harry Potter und der Stein der Weisen* angefertigt.

Jeder Quidditch-Ball zeichnet sich durch einen individuellen Klang beim Fliegen aus. Der Quaffel gibt ein dumpfes Geräusch von sich, wenn ein Spieler ihn fängt.

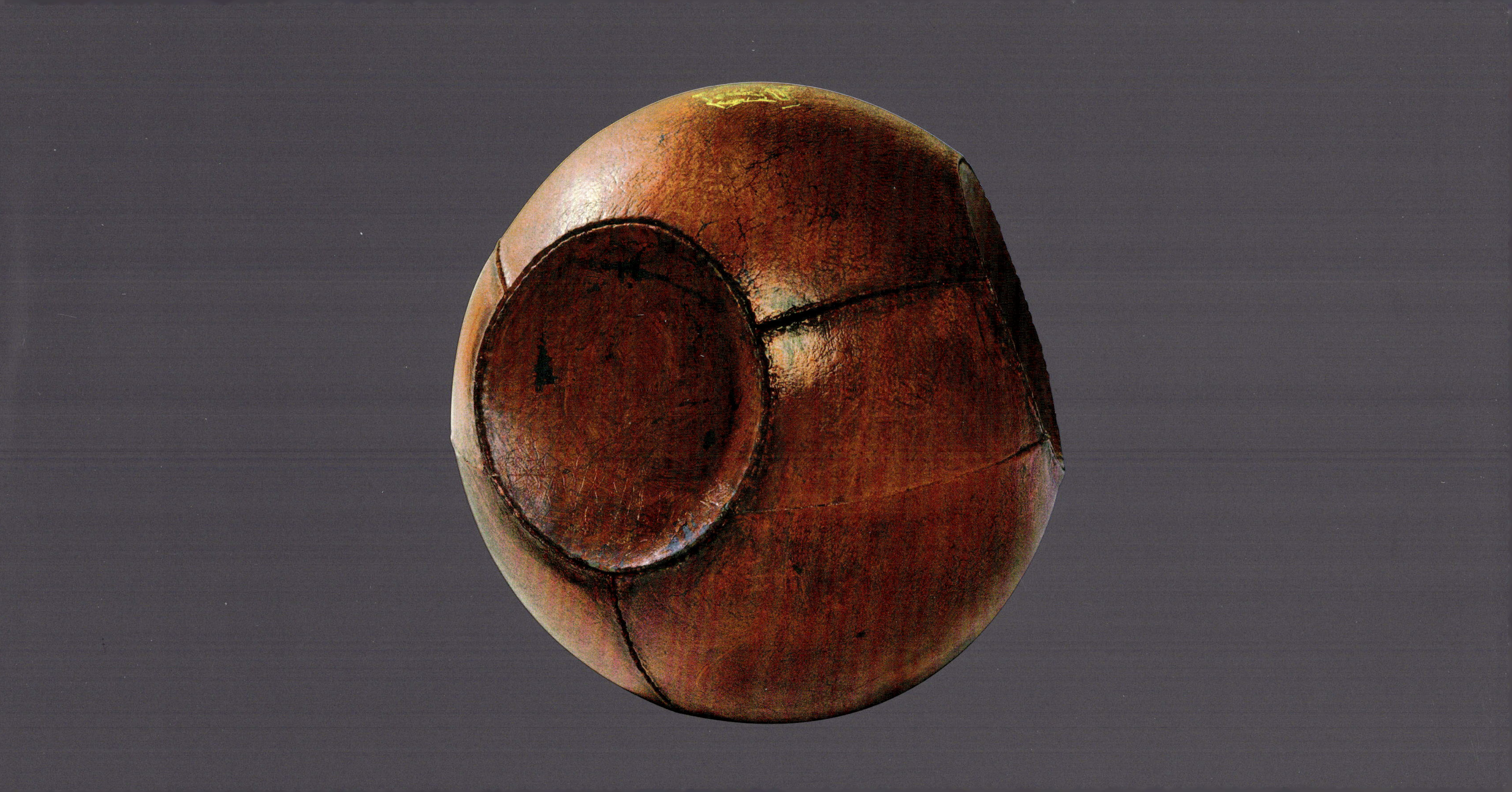

DIE KLATSCHER

„Aufgepasst, er kommt zurück!“

Oliver Wood, *Harry Potter und der Stein der Weisen*

Klatscher sind die schwersten Bälle im Quidditch und besonders gefährlich. In *Harry Potter und die Kammer des Schreckens* wird Harry in einem Match gegen Slytherin von einem besessenen Klatscher angegriffen. Zunächst zerbricht der Klatscher den Besenstiel von Kapitän Oliver Wood, dann verfolgt er Harry quer übers Spielfeld. Als Harry nach dem Schnatz greift, kracht der Klatscher gegen Harrys rechten Arm. Selbst als Harry mit dem Schnatz in der linken Hand auf dem Boden landet, lässt der Klatscher nicht von ihm ab. Da hilft nur noch Hermines Gegenfluch *Finite Incantatem*.

In der Zauberwelt bestehen Klatscher aus Eisen. Die Requisitenbauer berücksichtigten dies bei ihren ersten Entwürfen und fertigten einen Klatscher aus Stahl und Holz. Diese Version war aber etwas zu schwer, also bestand die Endversion aus Kunstharz und Gummi. Damit der Klatscher metallen wirkte, wurde er außen mit Metallstaub versehen. Das verwitterte, rostige Aussehen entstand mithilfe von Säure.

Oliver Wood beschreibt die Klatscher als „lästige kleine Biester“. Dementsprechend sollten sie, da waren sich die Sounddesigner einig, wie angriffslustige Tiere klingen. Dazu nahm Sounddesigner Martin Cantwell seine eigene Stimme auf und schrie wie ein Tasmanischer Teufel, um den gewünschten Effekt zu erhalten.

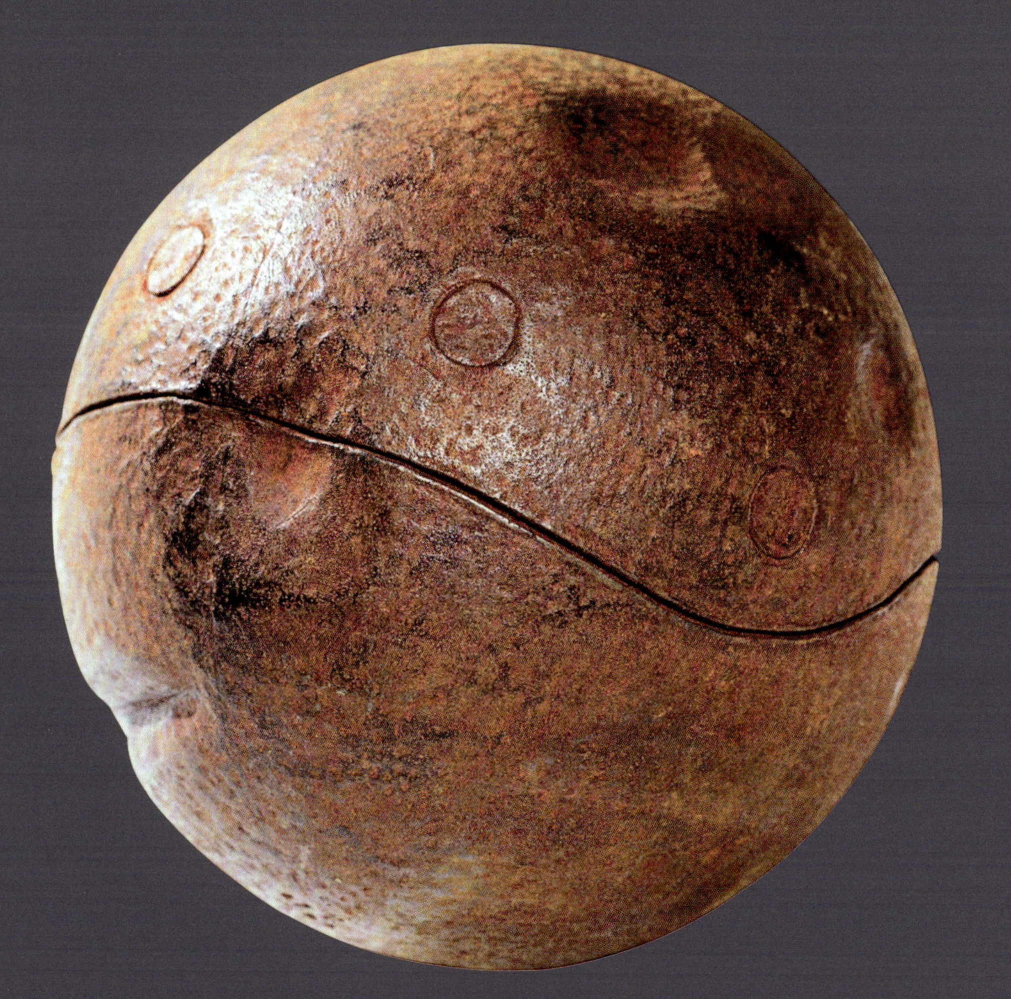

DER GOLDENE SCHNATZ

„Wenn du den fängst, Potter, gewinnen wir."

Oliver Wood, *Harry Potter und der Stein der Weisen*

Beim Öffnen der Quidditch-Truhe zeigt Oliver Wood Harry den Quaffel, die Klatscher und schließlich den Goldenen Schnatz, den wohl wichtigsten Ball im Spiel. Als Harry ihn in die Hand nimmt und erklärt, dass ihm der Goldene Schnatz gefällt, meint sein Teamkollege: „Ja, ja, jetzt noch. Abwarten. Er ist wahnsinnig flink und fast unmöglich zu sehen."

Der walnussgroße Schnatz schwirrte und surrte zwar digital übers Quidditch-Feld, musste aber ein glaubwürdiges aerodynamisches Design besitzen. Dazu gehörten auch flatternde Goldflügel. Szenenbildner Stuart Craig und Konzeptkünstler Gert Stevens entwarfen Bälle mit Fischflossen und Ahornsamen- oder Libellenflügeln, bevor die Wahl auf dünne, gerillte Flügel fiel, deren Form an Schiffssegel erinnerte. Eine weitere Herausforderung bestand darin, dass die Flügel „in ruhendem Zustand verborgen sein sollten", verrät Stuart Craig. Daraufhin gestalteten Pierre Bohanna und sein Requisitenbauteam die Oberfläche des Goldenen Schnatzes mit jugendstilähnlichen Ornamenten. „Die Flügel können sich in die Kerben zwischen den Ornamenten zurückziehen", erklärt Stuart Craig. „Die verzierte Oberfläche hat also auch eine ganz praktische Funktion."

Der Schnatz besteht aus Kupfer und ist mit Gold überzogen. Die Sounddesigner verpassten ihm ein kolibriartiges Surren, und die Computeranimatoren erzeugten eine Spiegelung des Schnatzes auf Harrys Brille.

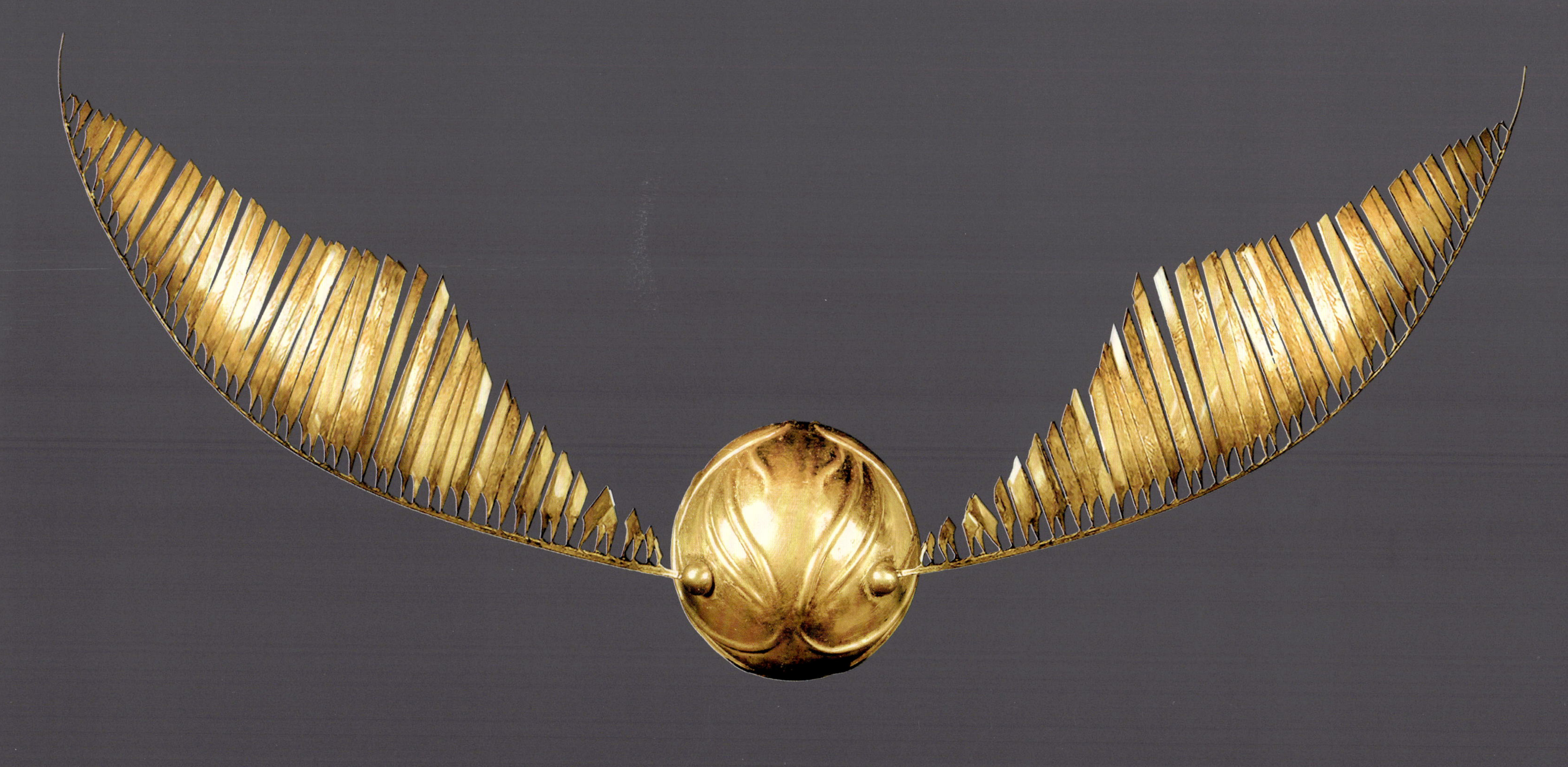

KLATSCHER-SCHLÄGER UND ARMSCHÜTZER

„Den wirst du brauchen."

Oliver Wood, *Harry Potter und der Stein der Weisen*

Die Klatscher-Schläger müssen eigentlich so robust sein, dass sie es mit einem Ball aus Eisen aufnehmen können. Bei den Dreharbeiten sollten sie aber leicht sein und gut in der Hand liegen. „Die ersten Knüppel waren aus Holz und viel zu schwer", erklärt Pierre Bohanna. Die endgültige Version bestand aus Fiberglas und Gummi und wurde dann so bearbeitet, dass die Schläger wie ein Stück Holz mit Stahlverstärkungen und komfortablem Griff aussahen.

Da jeder Spieler Opfer eines Klatschers werden konnte, war die Polsterung ein wichtiger Bestandteil der Quidditch-Uniformen. So erhielten die Spieler spezielle Armschützer, wie sie beim Kricket zum Einsatz kommen. Die Armschützer wurden um den Unterarm geschnallt und reichten bis über die Lederhandschuhe der Spieler hinaus. Andere Arm- und Beinschoner erinnerten an die ledernen Schutzvorrichtungen im American Football der 1930er-Jahre.

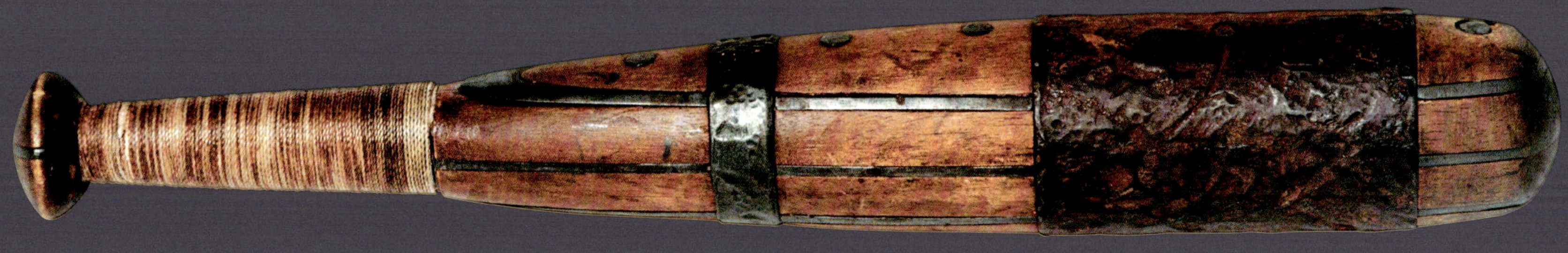

QUIDDITCH-SCHULTROPHÄEN IN HOGWARTS

In *Harry Potter und der Feuerkelch* findet in Hogwarts das Trimagische Turnier statt, ein Wettbewerb zwischen den drei europäischen Zauberschulen, der die internationale Zusammenarbeit in der Magie fördern soll. Nachdem die Champions vorgestellt wurden, finden sie sich im Pokalzimmer für einen Foto- und Interviewtermin mit dem *Tagespropheten* ein.

Dieser Raum ist vollgestopft mit Hunderten von Ehrenabzeichen, Medaillen, Auszeichnungen und Trophäen jeder Größe, besonders für die Gewinner des jährlichen Quidditch-Turniers. Es gibt auch eigene Quidditch-Trophäen für Sucher, Treiber und Jäger. Die Requisitenabteilung suchte auf Antiquitätenmärkten und Auktionen nach echten Trophäen und trug Objekte zusammen, die sich zu Zauberertrophäen umgestalten ließen. Auch eigene Kreationen steuerte sie bei.

Die Trophäen wurden mit Namen aus den Romanen von J. K. Rowling graviert, aber auch mit denen der Crewmitglieder und deren Familienangehörigen. Zu den Quidditch-Preisträgern zählten Rons Bruder Charlie Weasley, der als Sucher im Gryffindor-Team gewann, und Oliver Wood, der eine Auszeichnung für besondere Verdienste erhielt.

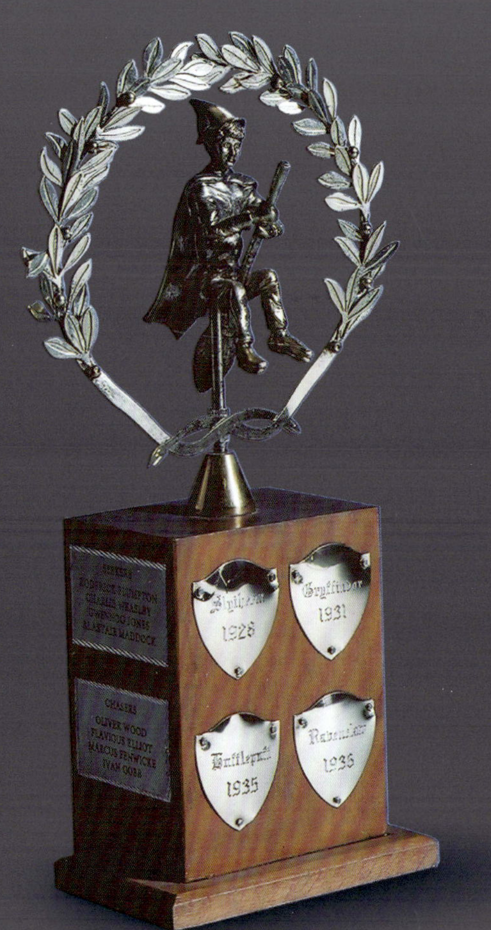
Gryffindor
1931
1935
CHASERS
OLIVER WOOD
FLAVIOUS ELLIOT
MARCUS FENWICKE

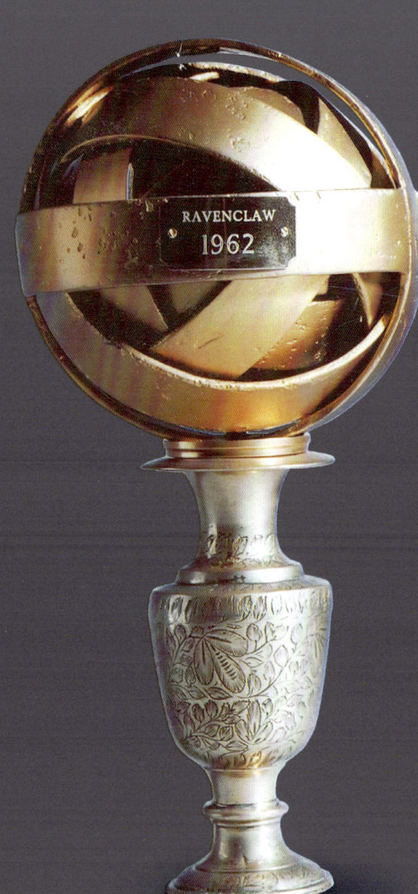
RAVENCLAW
1962

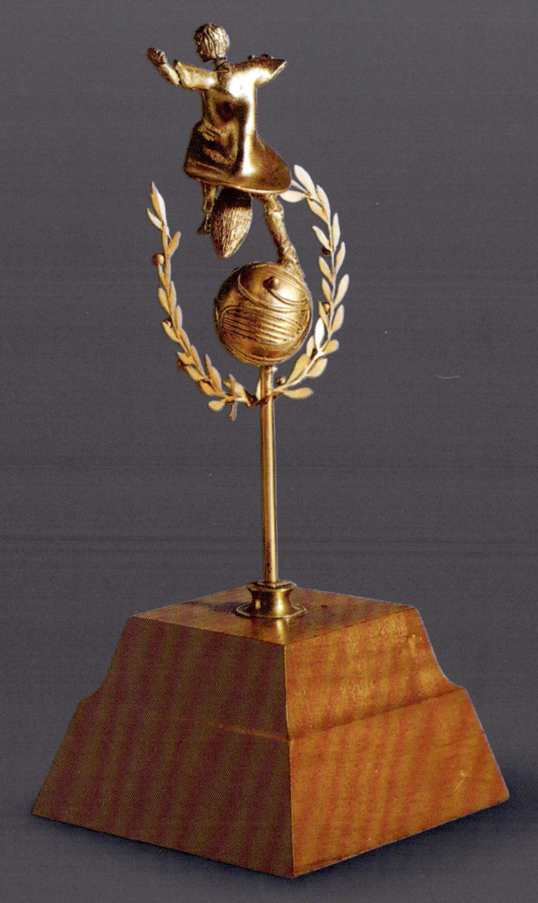

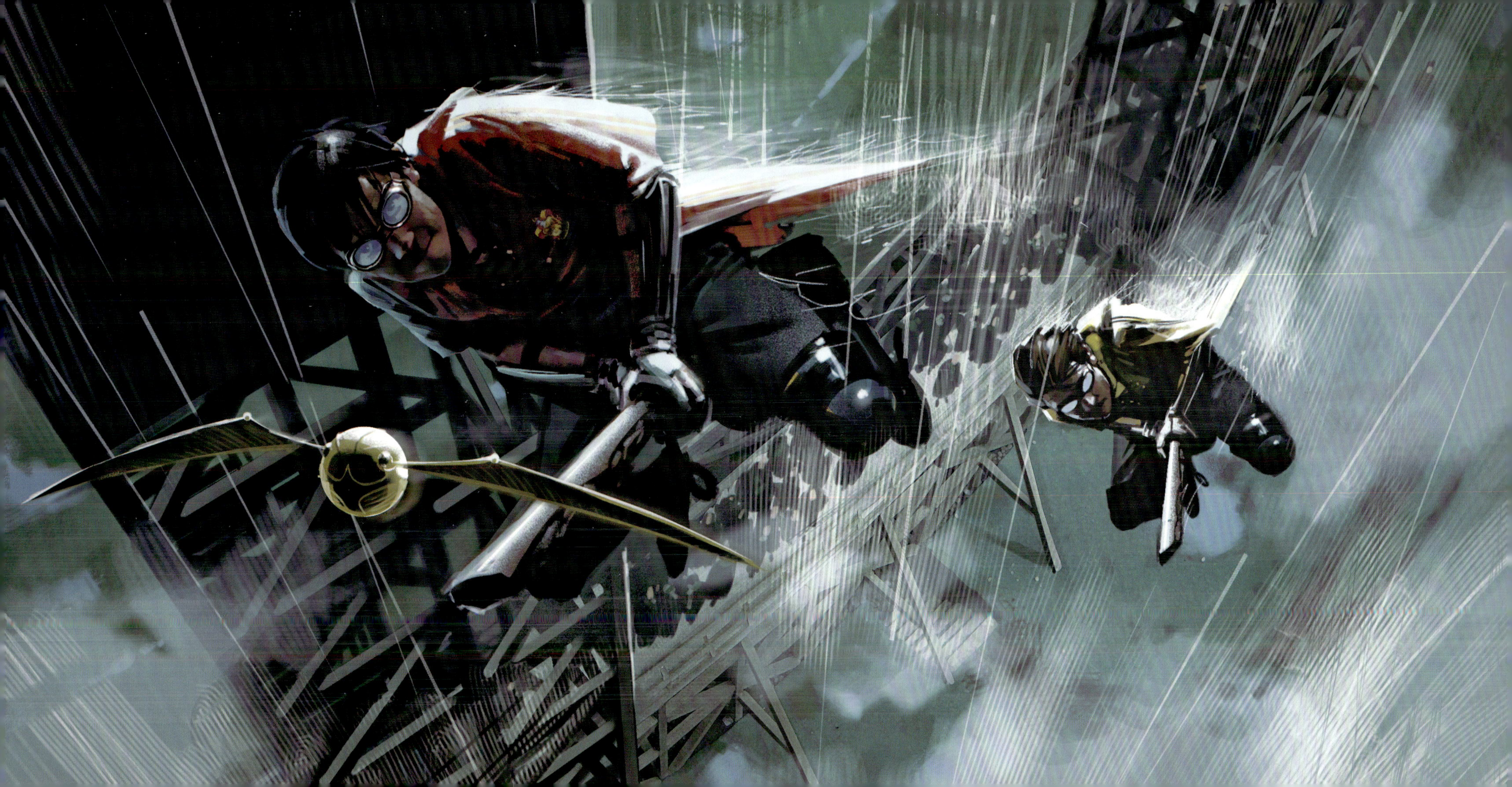

QUIDDITCH-UNIFORMEN UND FANKLEIDUNG

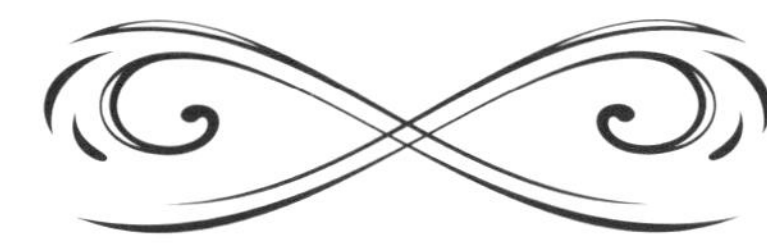

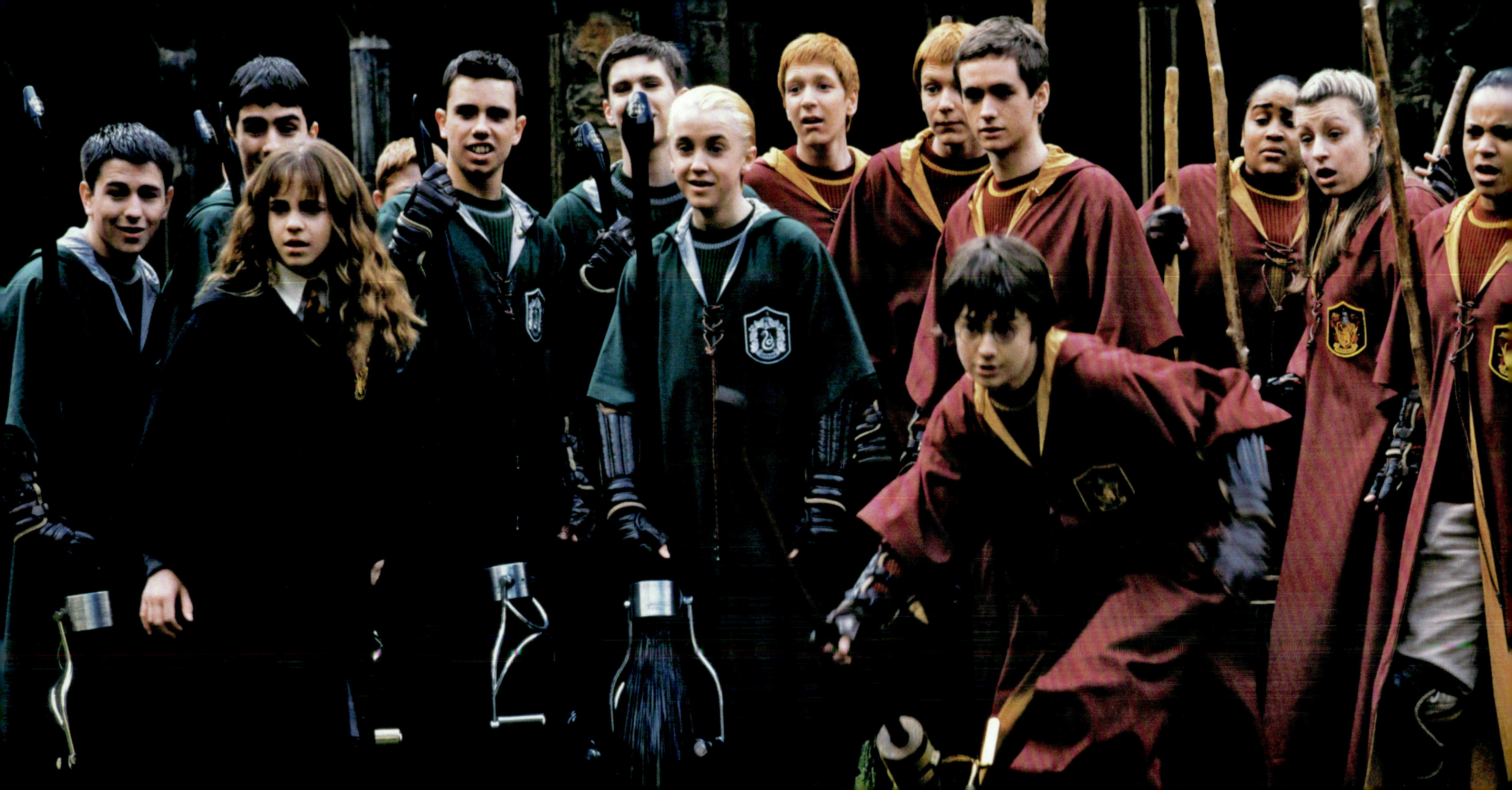

QUIDDITCH-UNIFORMEN IN HOGWARTS – ERSTES UND ZWEITES SCHULJAHR

Quidditch ist ein aggressiver, rasanter Sport. Daher mussten die Trikots in *Harry Potter und der Stein der Weisen* ausreichend Schutz, aber auch optimale Bewegungsfreiheit für die Spieler bieten. Ferner stellte sich die Frage des Alters – Quidditch ist an die tausend Jahre alt, wie zeitgemäß sollten also die Uniformen sein? Und schließlich „sollte die Kleidung cool für die Kids aussehen, aber nicht modern", erklärt Kostümdesignerin Judianna Makovsky. Die Schulkleidung war an traditionelle englische Schuluniformen aus dem 19. Jahrhundert angelehnt. Die Quidditch-Trikots spiegelten diese Ästhetik wider und vereinten Merkmale unterschiedlicher Sportkleidung, sodass sie, wie Judianna Makovsky meint, „zeitlos, aber vertraut" wirkten.

Die Spieler tragen langärmelige Rundhalspullover in der jeweiligen Hausfarbe, die ebenso wie die weißen Hosen an Fechtkleidung erinnern. Darüber tragen sie kurzärmelige Umhänge, die vorn geschnürt werden.

Die Schutzvorrichtungen sind von Polo- und Kricketkleidung inspiriert. Die gut gepolsterten Armschoner enden über fingerlosen Lederhandschuhen. Die einteiligen Knie- und Schienbeinschoner aus Leder mit Canvasfutter haben vorn verstärkte gepolsterte Knie und werden um dicke, gestreifte Wollsocken geschnallt. Die Schuhe ähneln denen, die beim Kricket getragen werden.

Für *Harry Potter und die Kammer des Schreckens* wurden nur sehr wenige Änderungen vorgenommen. Am auffälligsten war wohl, dass die Umhänge aus leichterem Stoff waren, damit sie schöner flattern und so den Eindruck von mehr Geschwindigkeit vermitteln.

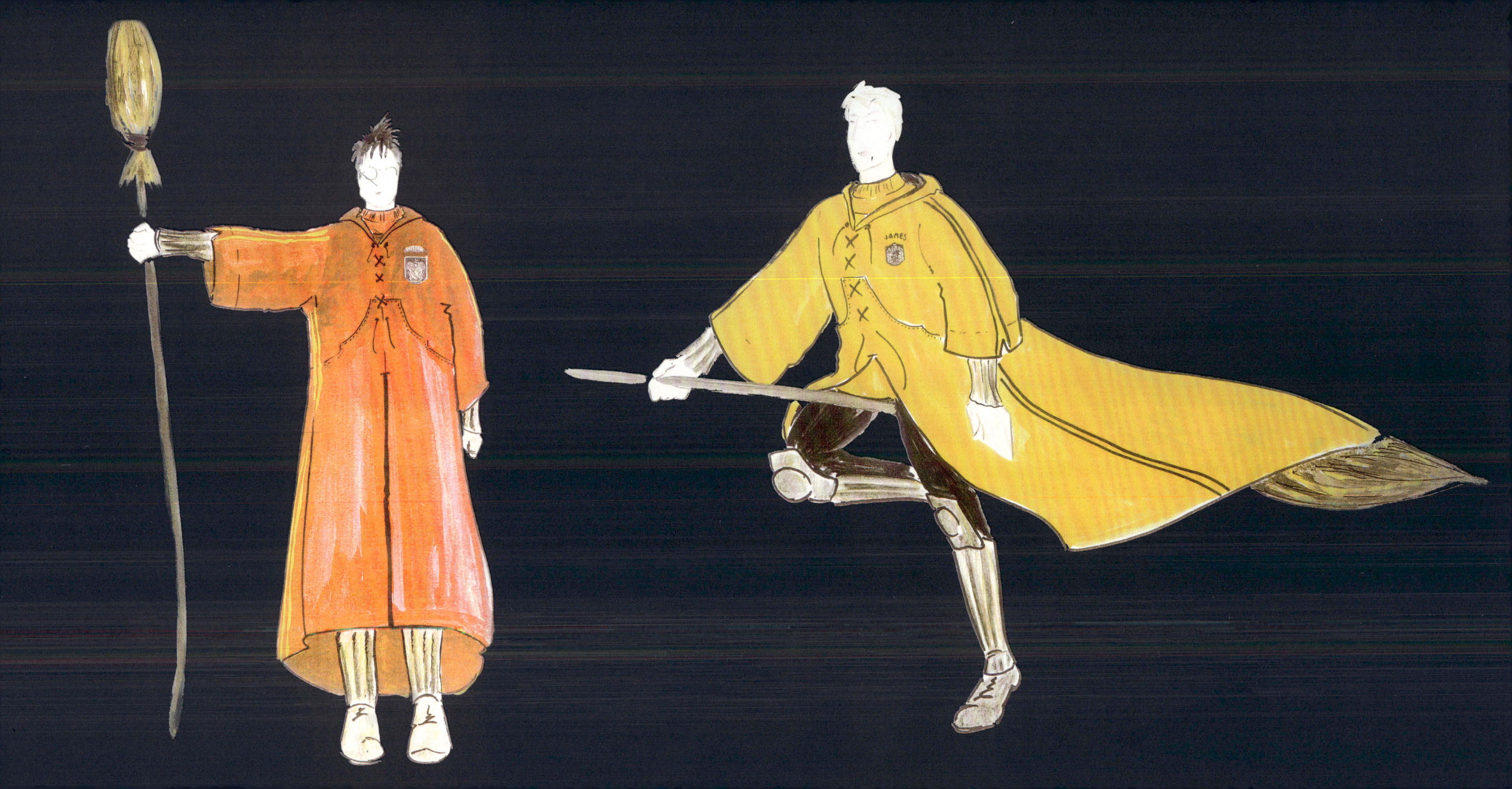
POTTER
JAMES

QUIDDITCH-UNIFORMEN IN HOGWARTS – DRITTES SCHULJAHR

In *Harry Potter und der Gefangene von Askaban* tritt Gryffindor gegen Hufflepuff bei stürmischem Wetter an. Dies bot der neuen Kostümdesignerin Jany Temime die Möglichkeit, die Uniformen in einem wasserabweisenden Nylonstoff umzugestalten, sodass das Outfit automatisch moderner wirkte. Schutzbrillen schützten vor dem eisigen Niederschlag. Jany Temime versah die Dresse auch mit Streifen, Sternen und vor allem dem Namen des Spielers auf Rücken und Ärmel. So wirkte die Uniform für die jugendlichen Sportfans cooler. „Die Idee war, die Uniform so zu modernisieren, dass die Kids, die Football oder Rugby schauen, Quidditch als Sportart betrachten, die sie selbst ausüben würden", erklärt Jany Temime. Und beim Zuschauen „konnten sie mit ihrem Lieblingsspieler mitfiebern". Auf den Umhängen wurden nun auch Spielernummern angebracht, die zunächst willkürlich vergeben wurden. Harry Potter trug die Nummer 7, die von da an für jeden Sucher galt.

Dank der technischen Fortschritte waren spektakulärere Stunts und ein schnelleres Spiel möglich. Dies erforderte mehr Komfort und Sicherheit für die Schauspieler, die sich mit einem Gurt angeschnallt auf Besen vor dem Greenscreen im Studio bewegten. Neben individuell geformten Fahrradsitzen, die auf die Besen montiert wurden, erhielten die Hosennähte Zwickel zur Verstärkung. Polsterungen auf der Rückseite der Uniformhosen sorgten für zusätzlichen Tragekomfort.

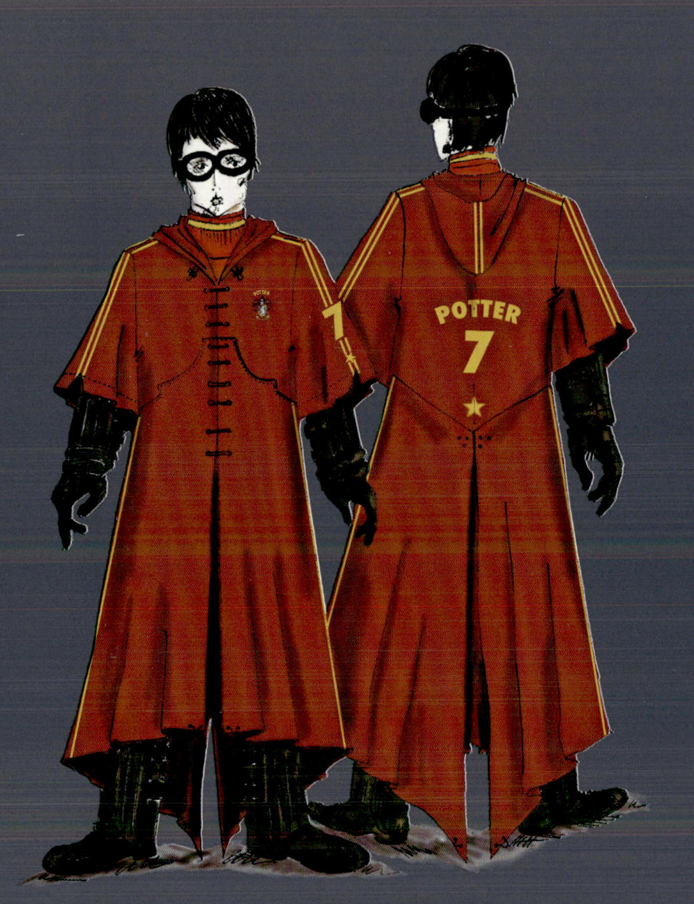
POTTER
7

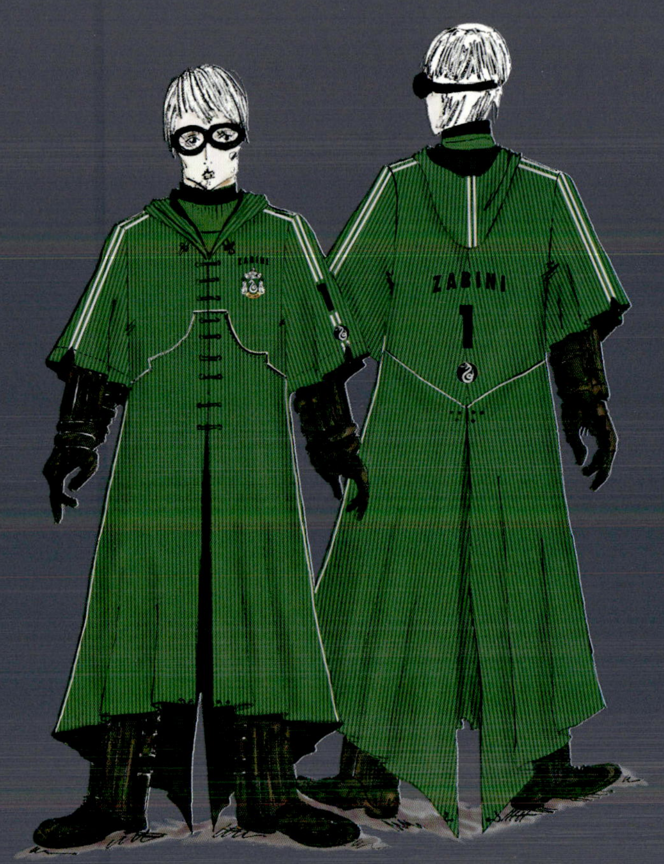
ZABINI
1

QUIDDITCH-UNIFORMEN IN HOGWARTS – SECHSTES SCHULJAHR

Kostümdesignerin Jany Temime war ganz aufgeregt, als sie hörte, dass sie Sportkleidung für die Quidditch-Testspiele in *Harry Potter und der Halbblutprinz* entwerfen sollte. Ihrer Auffassung nach sollten die Athleten Kleidung tragen, in die man leicht hineinschlüpft. Unter einer ärmellosen Tunika, die hinten in einen Umhang übergeht, tragen die Spieler zum Aufwärmen einen dunkelgrauen Kapuzenanzug. Jede Tunika hat eine Zahl entsprechend den sieben Positionen im Spiel, beim Testspiel aber „zog jeder die Nummer der Position an, die er haben wollte", erklärt Jany Temime. Bei den Testspielen in *Der Halbblutprinz* sind die Nummer-1-Tuniken der Hüter offenbar aus, denn Ron Weasley und Cormac McLaggen erscheinen mit der Nummer 2 bzw. 3, die eigentlich den Treibern gehören. Harry trägt die Nummer 7 des Suchers. Ginny Weasley ist bei den Testspielen mit der 6 zu sehen, doch nach ihrem Teameintritt trägt sie als eine der drei Jäger die 5.

Da das Spiel aggressiver wurde, mussten die Hüter gepolsterte Brust- und Schulterschoner aus Leder sowie einen Schutzhelm tragen. Die Filmemacher wollten, dass Cormac McLaggen deutlich größer als sein Mitstreiter Ron Weasley wirkt. Da die beiden Schauspieler Rupert Grint (Ron) und Freddie Stroma (Cormac) aber etwa gleich groß sind, wurden in Freddie Stromas Polsterung zusätzliche Platten eingearbeitet, und seine Schulterschoner wurden vergrößert, sodass er bulliger wirkte. Im Gegensatz dazu trug Rupert Grint Polsterungen und einen Helm, die ihm zwei Größen zu klein waren. Das Leder und die Schnürbänder an seiner Uniform wurden mit Sandpapier bearbeitet, damit sie abgenutzt wirkten.

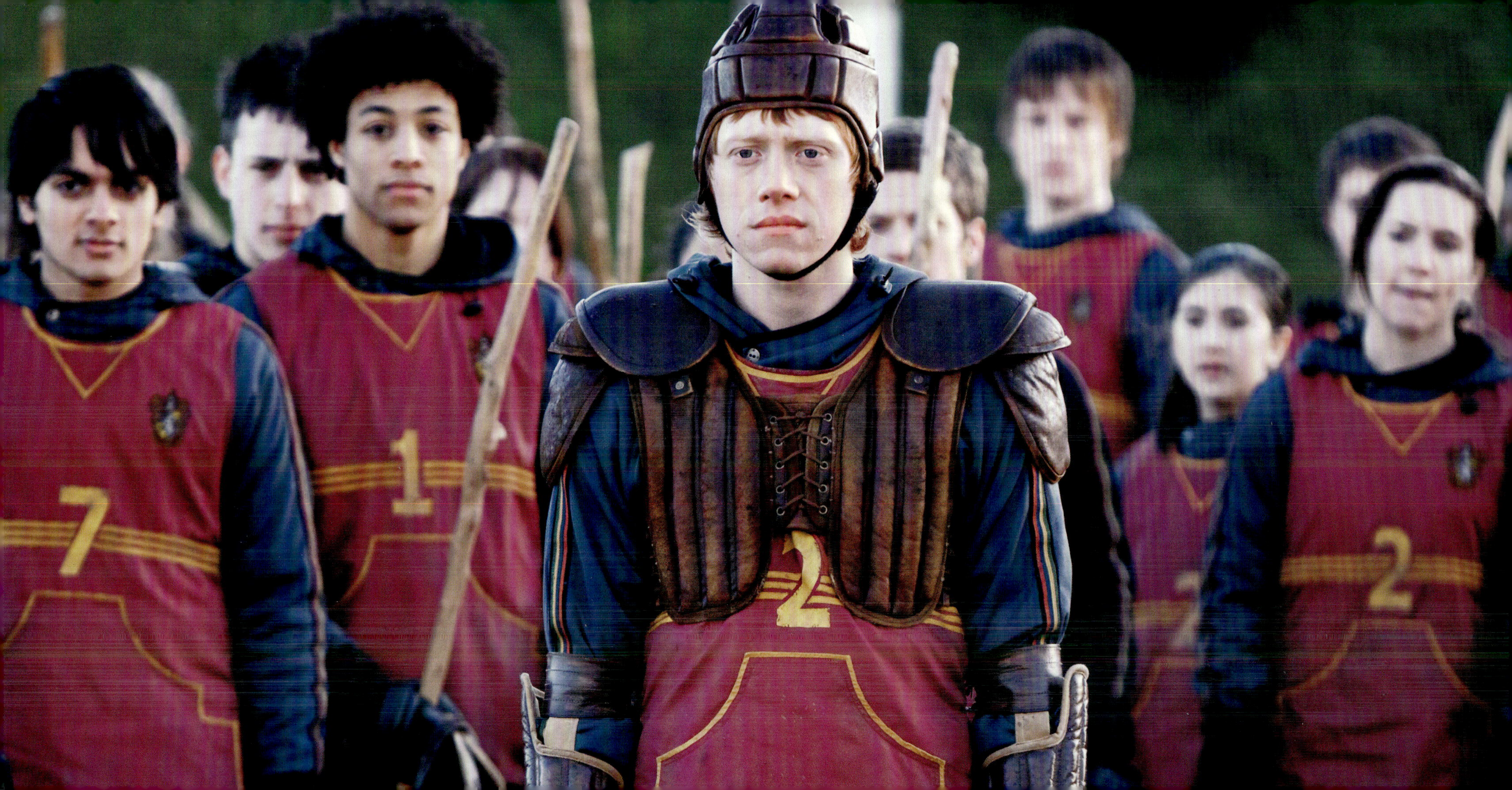

SCHUTZAUSRÜSTUNG – SECHSTES SCHULJAHR

Bei seinem hart umkämpften Testspiel für die Position des Hüters wehrt Ron Weasley den Quaffel mit seinem Oberkörper, den Füßen und sogar dem Kopf ab. Das Spiel war aggressiv und gnadenlos, und so galt der Schutzausrüstung besondere Aufmerksamkeit.

Die neuen Körperpanzer, die für die Quidditch-Szenen in *Harry Potter und der Halbblutprinz* entstanden, waren an die Arm- und Beinschoner des American Football angelehnt und bestanden aus dickem Leder mit wattiertem Canvasfutter. „Die Polsterungen mussten sehr strapazierfähig, aber auch flexibel sein, da sich die Spieler auf den Besen nach vorn lehnen", so der Kostümbildner Steve Kill. Für eine optimale Bewegungsfreiheit waren die Schulter- und Armschoner aus beweglichen Gliedern zusammengesetzt. Die meisten Teile waren an die Körpergröße von Fünft- bis Siebtklässlern angepasst – nur Drittklässler Nigel Wolpert bekam eine kleinere Version.

Kurz vor Beginn der Dreharbeiten zu den Quidditch-Testspielen beschlossen die Filmemacher, einen riesigen Berg an Schutzausrüstung auf dem Feld zu haben, aus dem die Spieler auswählen konnten. Daher musste ein schnelleres Verfahren zur Herstellung der Sachen her. „Wir haben Abdrücke genommen und die Schutzausrüstung aus Schaumgummi gegossen", verrät Kill. „Das hat so gut funktioniert, dass selbst der winzigste Stich übernommen wurde." Die unechten Polsterungen wurden von Hintergrundspielern getragen – und von den Stuntleuten, die die leichteren, flexibleren Teile bevorzugten.

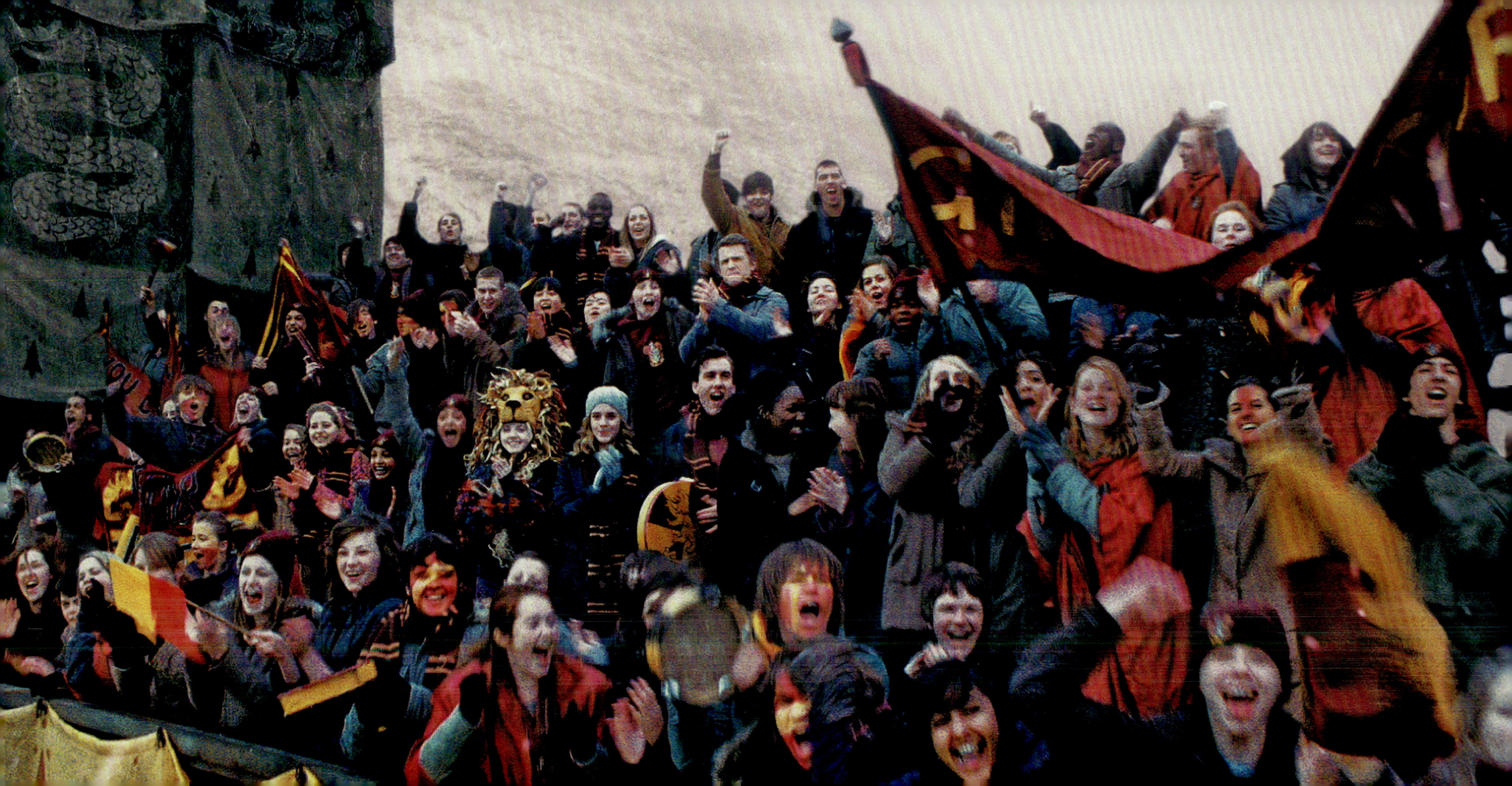

FANKLEIDUNG VON HOGWARTS

Für die Quidditch-Fans ist es sehr wichtig, demonstrativ zu zeigen, zu welchem Team sie halten. Also stellte die Requisitenabteilung den Schülern jede Menge Fanartikel zur Verfügung, damit sie ihr Hausteam so richtig anfeuern konnten. Die Grafikabteilung entwarf Banner und Wimpel, die sie schwingen konnten, sowie Trommeln, mit denen sie ordentlich Lärm machen konnten.

Zusätzlich zur Testspielkleidung für potenzielle Quidditch-Spieler sollte Jany Temime für *Harry Potter und der Halbblutprinz* auch Fantrikots für die Schüler entwerfen. Es gab Hoodies, T-Shirts, Wollmützen und Sweatpants mit dem Logo von Hogwarts in den einzelnen Hausfarben. So trugen die Anhänger von Gryffindor graue Sweathosen, während die Slytherin-Fans in Schwarz gekleidet waren.

Ab dem ersten Film, an dem Jany Temime arbeitete, nämlich *Harry Potter und der Gefangene von Askaban*, versuchte sie, die Kids etwas moderner und zeitgemäßer einzukleiden. Mit zunehmendem Alter würde es den Teenagern immer wichtiger werden, ihre Individualität über ihre Kleidung auszudrücken. „Außerdem sind Harry und Hermine durchaus mit der Mode in der Muggelwelt vertraut, und das sollte sich auch in ihrem Kleidungsstil widerspiegeln“, erklärt die Kostümdesignerin. Ron, Ginny und Luna waren weiterhin von traditioneller Zauberkleidung beeinflusst, würden sich aber als Teenager auch für aktuelle Trends interessieren. „Sie leben Tür an Tür zur Muggelwelt, wissen also, was dort los ist“, meint Jany Temime. „Ich wollte sie sehr cool stylen, aber zugleich natürlich mit einem Hauch Magie.“ Nur durften auf der Kleidung keine Markennamen oder Logos der Muggel zu sehen sein. Einzige Ausnahme: Harry trägt bekanntlich Converse™-Sneaker.

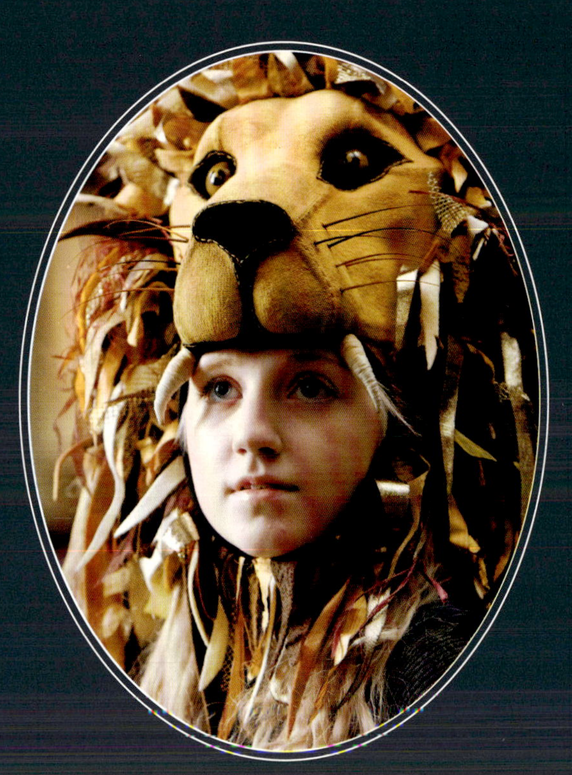

LUNA LOVEGOODS GRYFFINDOR-LÖWENHUT

„Du siehst ja grauenvoll aus."

Luna Lovegood zu Ron Weasley, *Harry Potter und der Halbblutprinz*

In *Harry Potter und der Halbblutprinz* feuert die Ravenclaw-Schülerin Luna Lovegood ihre Freunde aus dem Quidditch-Team von Gryffindor mit einem überdimensionalen Löwenhut auf dem Kopf an. Konzeptkünstler Adam Brockbank entwarf mehrere Designs für diese Kopfbedeckung, doch letztlich lieferte Schauspielerin Evanna Lynch alias Luna den entscheidenden Input. Sie fragte nämlich, ob es so aussehen könnte, als würde der Löwe ihren Kopf fressen. Der Hut ist animiert – er blinzelt und verfolgt das Gespräch zwischen Luna, Harry, Ron, Hermine und Ginny mit seinen Augen.

„Das Beste beim Darstellen von Luna ist, dass man sich, sobald man in ihre Kleidung schlüpft, die so nie im Leben jemand tragen würde, vom eigenen Ich löst und ganz frei ist. Beim Löwenhut schoss es mir durch den Kopf: ‚Was die anderen denken, ist mir egal – ich trage einfach einen Löwenhut!' Er war sehr leicht und bequem, sodass ich ihn mit der Zeit völlig vergaß, obwohl die Leute mich anstarrten. Das machte großen Spaß", erklärt Evanna Lynch.

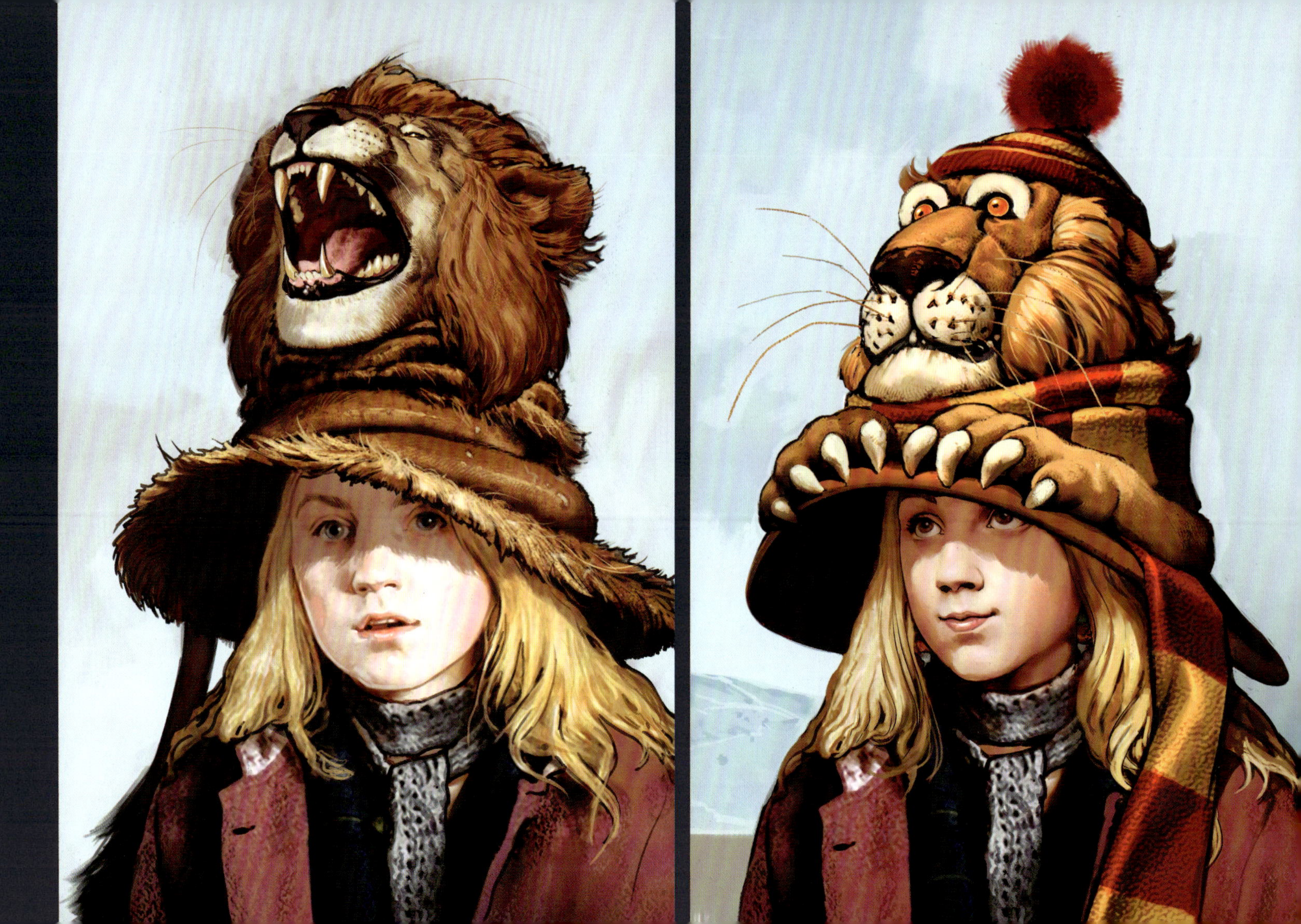

QUIDDITCH IM FILM – DIE FRÜHEN JAHRE

Die Quidditch-Szenen in den Harry-Potter-Filmen stehen in puncto Darbietung und Spannung rasanten, actiongeladenen Sportübertragungen in nichts nach. Zu diesem Zweck wurden die Bewegungen für jedes Spiel im Voraus festgelegt und von der Stuntcrew ausprobiert. Zusätzlich entstand eine animierte Version des Matches, eine sogenannte „pre-viz" (Prävisualisierung), um beurteilen zu können, wie die nötigen Elemente – die schottischen Highlands im Hintergrund, die Türme und Zuschauer, die Bewegungen von Quaffel, Klatschern und Schnatz – für die Szene zusammengestellt werden sollten.

Erst nach Abschluss all dieser Preproduction-Arbeit wurden die Schauspieler nacheinander im Studio gefilmt, das mit Bluescreen-Material und jeder Menge Schutzpolster ausgekleidet war. Bei den ganz frühen Dreharbeiten hingen die Schauspieler in einem Drahtgestell bis zu drei Meter über dem Boden oder saßen auf einem computergesteuerten Ausleger, dessen Bewegungen vorprogrammiert waren. Das Verfahren war unglaublich zeitaufwendig: Eine zweisekündige Aufnahme mit zehn Spielern nahm unter Umständen eine Woche Dreharbeiten in Anspruch. Danach war das Team für visuelle Effekte an der Reihe.

In *Harry Potter und der Stein der Weisen* ist Harrys Besen verhext und versucht, ihn abzuschütteln, sodass der Junge schließlich kopfüber am Besen hängt. Für diesen Stunt hing Daniel Radcliffe (Harry) in einer Höhe von rund sieben Metern von einem Besen herab. „Ich war an dem Besen befestigt, mit einem riesigen Luftkissen unter mir. Dort oben bewegten sie mich dann hin und her. Das war genial!", so Daniel Radcliffe.

Zum Glück entwickelte sich im Laufe der Filmreihe auch die Technik weiter, und der Komfort für die Schauspieler stieg. Beim Quidditch-Match in *Harry Potter und der Gefangene von Askaban* muss Harry es mit einem Unwetter sowie einer Horde Dementoren aufnehmen. Dank fortschrittlicher Computertechnik konnten die Filmemacher digitale Doubles der Schauspieler erstellen. Diese vollführten Bewegungen, die selbst die geschicktesten Athleten nicht zustande gebracht hätten.

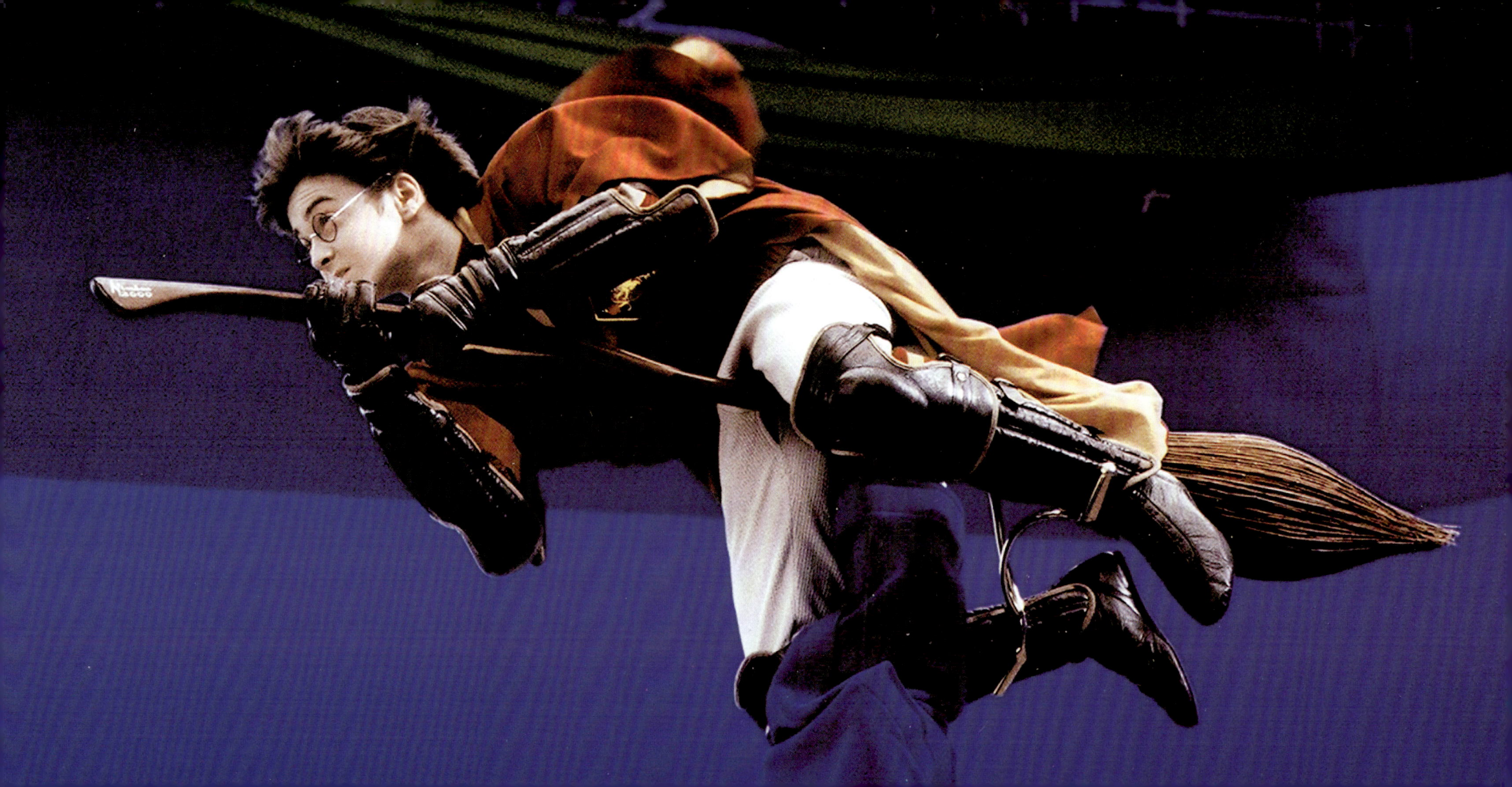

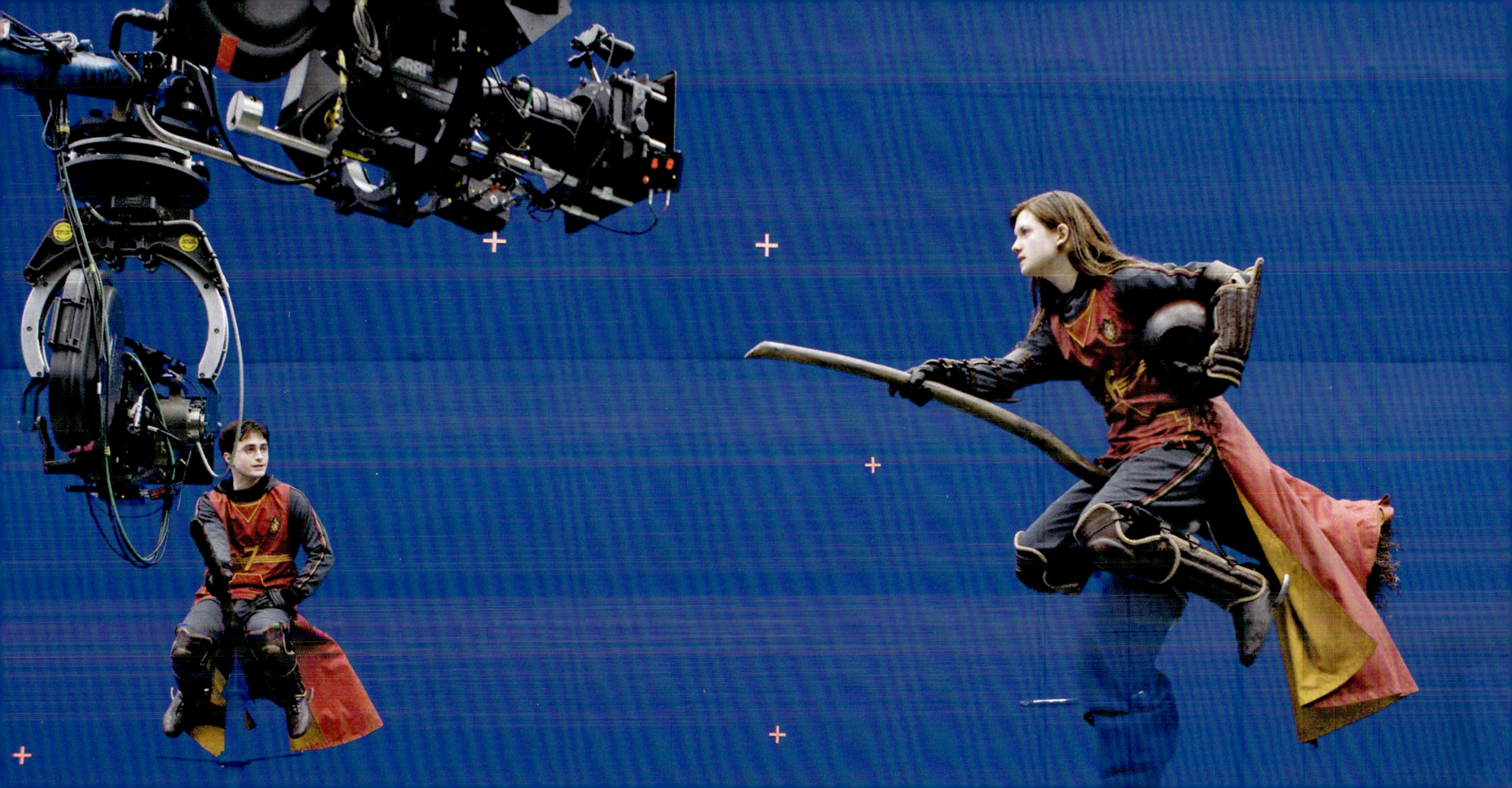

QUIDDITCH IM FILM – SECHSTES SCHULJAHR

In *Harry Potter und der Halbblutprinz* wird Harry Kapitän des Quidditch-Teams von Gryffindor. Nachdem viele Spieler die Schule absolviert oder wie etwa die Weasley-Zwillinge Hogwarts verlassen haben, veranstaltet er Testspiele für neue Teammitglieder. Anwärter für die heiß begehrten Positionen als Jäger bzw. Hüter sind die hoch motivierte Ginny Weasley und ihr Bruder Ron, der stets an seinen Fähigkeiten zweifelt.

Mit zunehmendem Alter der Spieler wurde der Sport wilder und die Stunts aufwendiger. An den Bluescreen-Sets wurden neue Systeme installiert, so etwa ein großer steuerbarer Sockel, der sich auf und ab bewegen und zugleich horizontal und vertikal um 360 Grad rotieren konnte. Die Studiodecke erhielt ein Drahtgittersystem, das Bewegungen in allen erdenklichen Richtungen erlaubte. Schließlich gab es auch noch eine große Schaukel, dank der die Stuntleute buchstäblich in freiem Fall fliegen konnten. Dank der Schaukel konnte sich ein Mitglied der Stuntcrew auf einem Besen bis zu sechs Meter emporschwingen und zwölf Meter weit „fliegen".

Neben den atemberaubenden Stunts wollten die Filmemacher dem Publikum auch den Eindruck vermitteln, es handle sich um eine Sportübertragung wie bei den Muggeln mit allen möglichen Kameraeinstellungen. Also präsentierte das Team für visuelle Effekte den Spielverlauf aus Sicht eines fliegenden Kameramanns. Um diesen Effekt zu verstärken, scheint der Schnee, der beim Match fällt, auf der Kameralinse zu landen.

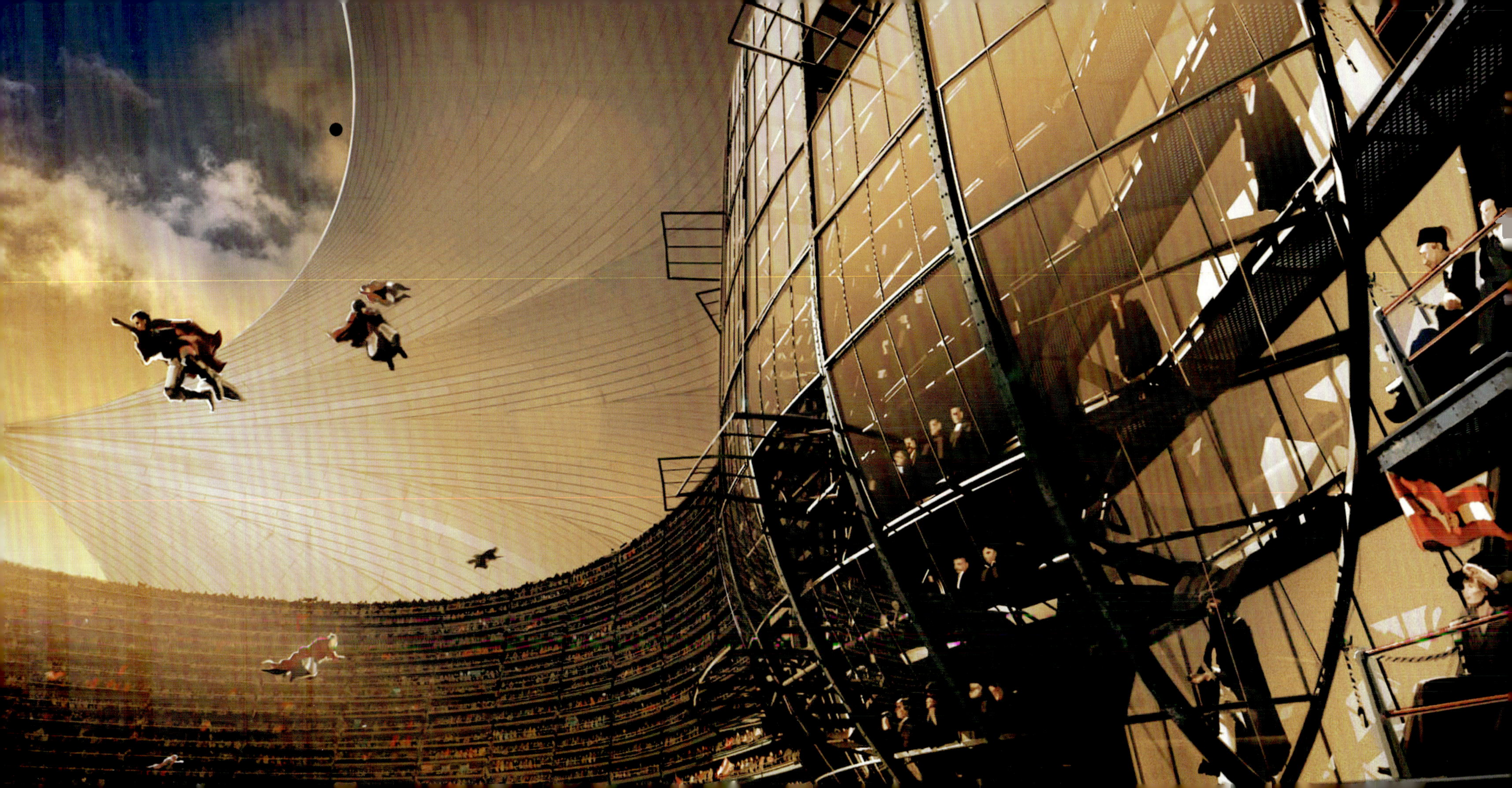

PROFI-QUIDDITCH UND DIE 422. QUIDDITCH-WELTMEISTERSCHAFT

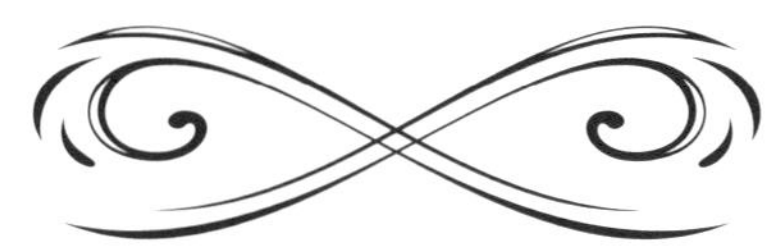

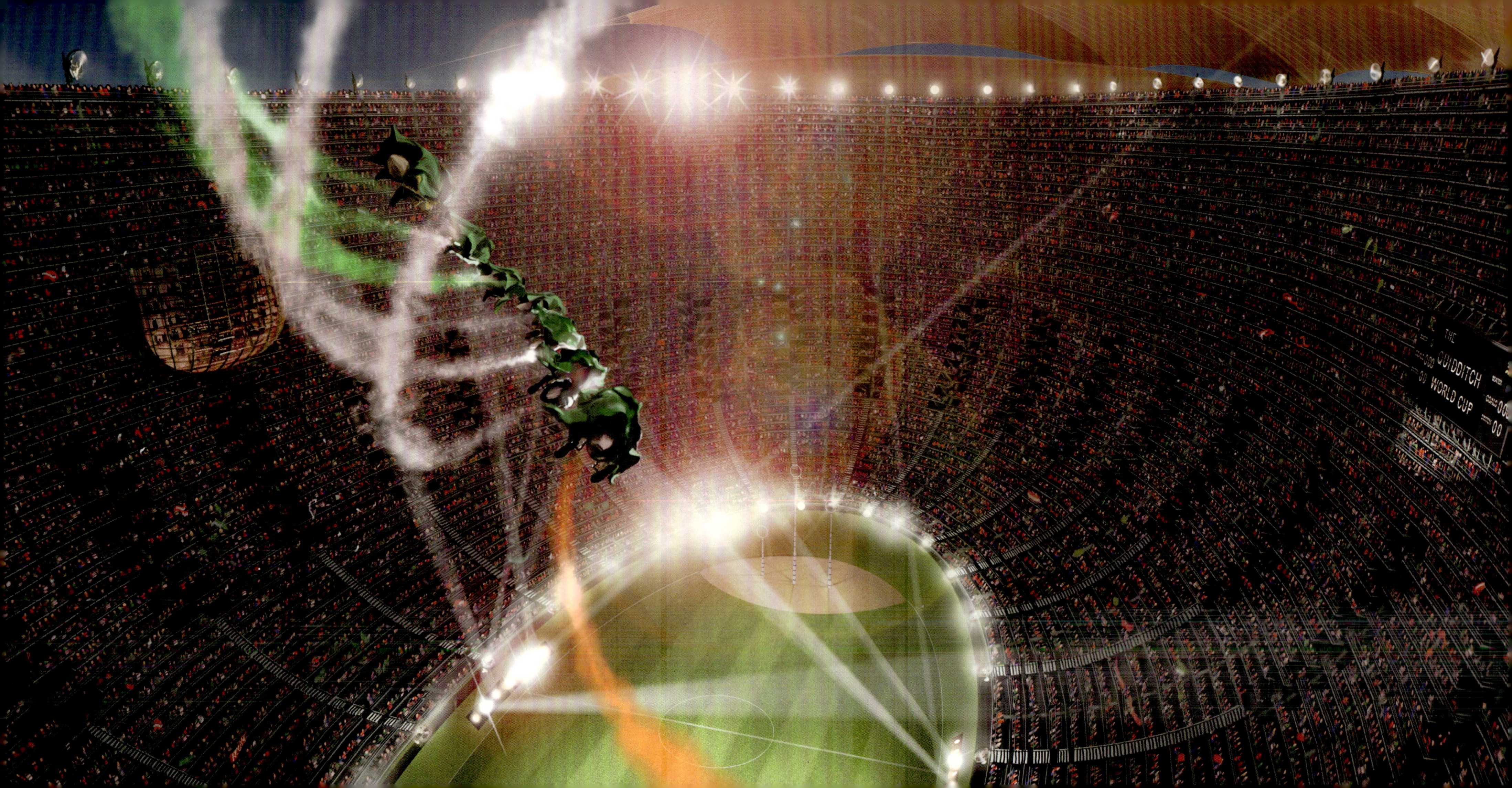
THE
QUIDDITCH
WORLD CUP
GOALS 00
00

IN *HARRY POTTER UND DER FEUERKELCH* wird Harry von den Weasleys zum Endspiel der 422. Quidditch-Weltmeisterschaft, dem bedeutendsten magischen Ereignis des Jahres, eingeladen. Sie treffen sich mit dem Hufflepuff-Schüler Cedric Diggory und dessen Vater, bevor sie mittels Portschlüssel zum Stadiongelände befördert werden.

Der Einzug der Finalisten ins Stadion ist ein beeindruckendes Spektakel. Irland ist als Erstes an der Reihe und feuert Raketen ab, die sich zu einem tanzenden Kobold vereinigen. Das irische Quidditch-Nationalteam fliegt auf Besen im Stil des Nimbus 2000 ein. Sie sind aus tiefbraunem Holz und haben lange Borsten. Das bulgarische Quidditch-Nationalteam schießt durch das Maskottchen der Gegner hindurch und blendet Aufnahmen seines dynamischen Suchers ein. Die Besen der Bulgaren haben sehr dunkle Borsten, die sich am Ende leicht nach oben biegen.

Die Grafikabteilung gestaltete die Logos der beiden Teams, die auf sämtlichen Fanartikeln wie Postern und Anstecknadeln prangen. Das offizielle Programmheft enthält Profile der Teams und eine Grafik der Teamaufstellungen sowie eine Liste der Sponsoren. Auch für andere Quidditch-Teams wie die Holyhead Harpies und Ron Weasleys Favoriten, die Chudley Cannons, entstanden Fanartikel.

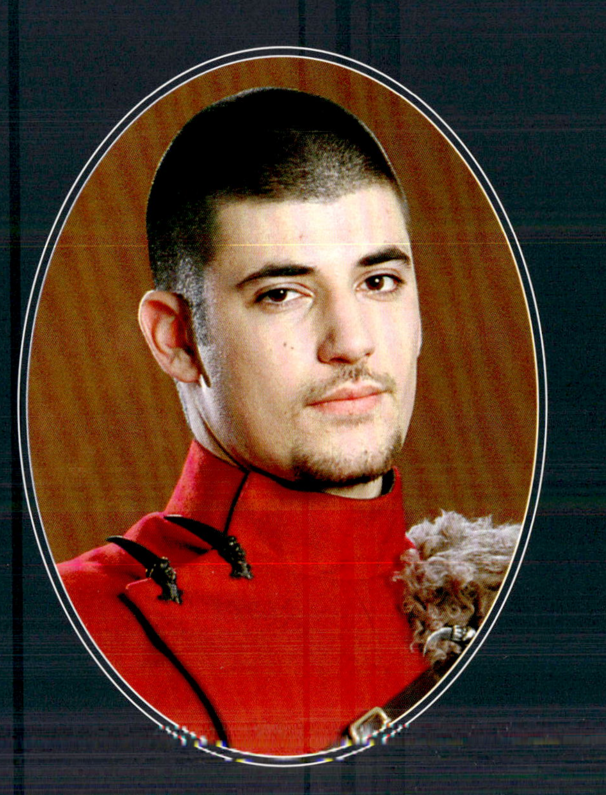

VIKTOR KRUMS BESEN

„Das, Ginny, ist der beste Sucher der Welt. Krum!“

Fred Weasley, *Harry Potter und der Feuerkelch*

Viktor Krum ist der Sucher des bulgarischen Teams bei der 422. Quidditch-Weltmeisterschaft. Er ist Schüler des Durmstrang-Instituts, einer der beiden Zauberschulen, die Hogwarts zum Trimagischen Turnier in *Harry Potter und der Feuerkelch* einen Besuch abstatten. Krum wird als Champion für den magischen Wettbewerb auserkoren. „Als bester Sucher ist er überall auf der Welt bekannt. Er kann unglaublich gut fliegen und wird von anderen Spielern verehrt, wie man im Film sieht. Aber er ist ein wirklich netter Kerl“, meint Stanislav Ianevski, der Krum darstellte.

„Wir entwarfen einen besonderen Besen für Krum, auch wenn das bei dem rasanten Spiel wahrscheinlich kaum auffällt“, erklärt Konzeptkünstler Adam Brockbank. „Er war schnittiger als die meisten anderen Exemplare und oben ziemlich flach.“ Oberseite und Unterseite waren unterschiedlich gefärbt: Die lackierte Oberseite passte zum Rot der bulgarischen Trikots, die Unterseite aus Gummi war in einem Hellbraun gehalten, konnte aber je nach Lichteinfall das Rot von Krums Uniform widerspiegeln. Die Fußpedale waren aus kräftigem bronzefarbenen Metall.

Beim Einflug mit seinem Team begeistert Krum das Publikum mit einem Handstand auf seinem Besen, ähnlich wie beim Motocross. Auf dem Besen ist kein Sitz zu sehen, da das Kunststück digital entstand.

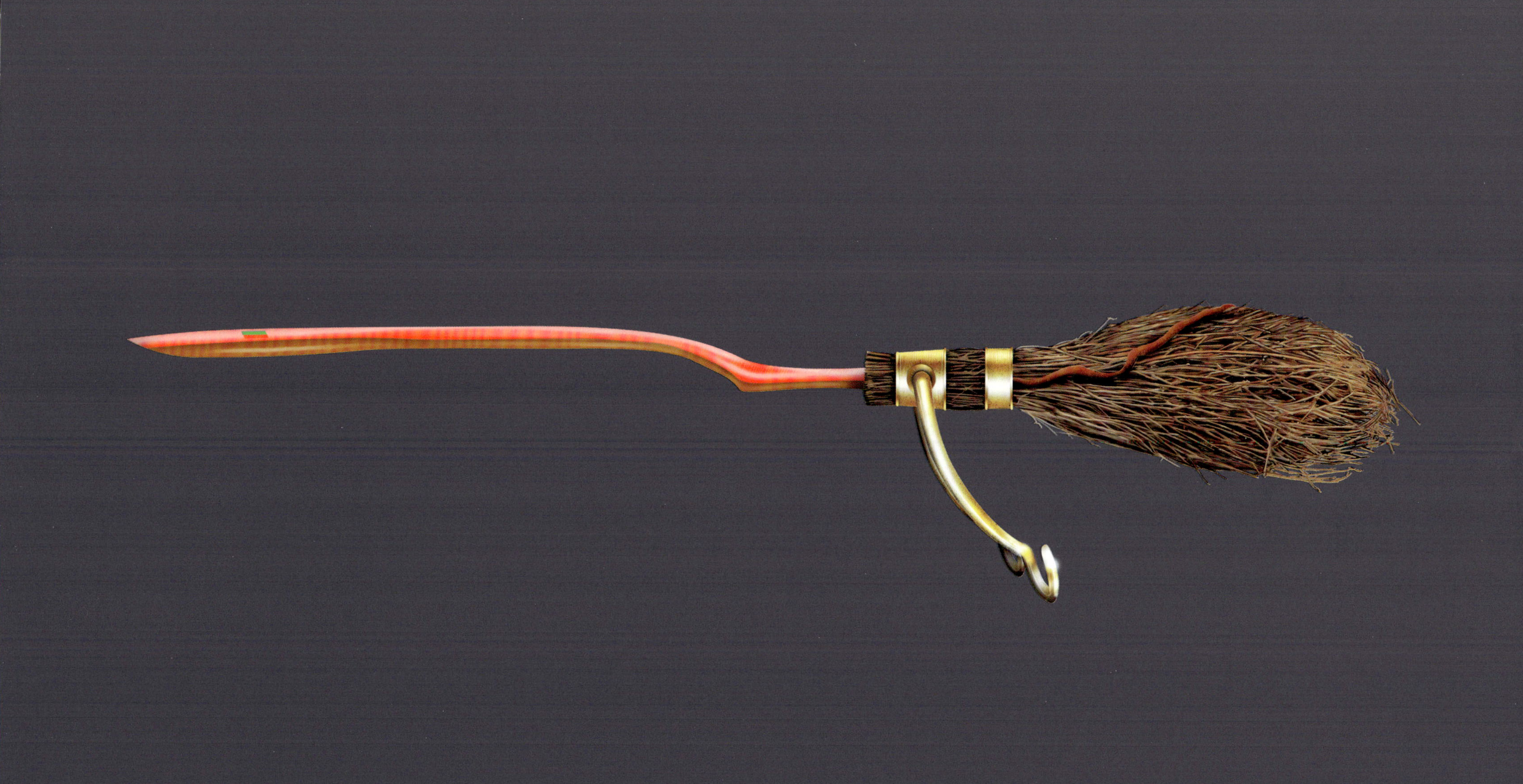

QUIDDITCH-WELTMEISTERSCHAFTSUNIFORMEN

Für die beiden Teams, die in *Harry Potter und der Feuerkelch* im Finale der Quidditch-Weltmeisterschaft antreten, gestaltete Kostümdesignerin Jany Temime einfach die Quidditch-Uniformen von Hogwarts aus *Harry Potter und der Gefangene von Askaban* um. Die Roben des irischen und des bulgarischen Teams bestehen aus einem leichten Material, das Teamlogo prangt vorne, der Spielername hinten und die Positionsnummer auf dem Rücken und am linken Ärmel. Die Polsterungen für die Spieler bestanden aus sehr dickem, gepresstem Leder.

Jany Temime fertigte auch Kleidung für Souvenirverkäufer und Teamanhänger. Die Merchandise-Verkäufer auf dem Campingplatz sind in den jeweiligen Teamfarben gekleidet und stechen mit ihren Hüten, die an mittelalterliche Narrenkappen erinnern, besonders hervor. Auch die Fans tragen markante Kopfbedeckungen wie Zylinder und Melonen. Bis auf Ron stellen alle Weasleys und auch Hermine stolz ihre irischen Wurzeln zur Schau, Ron und Harry feuern Bulgarien an.

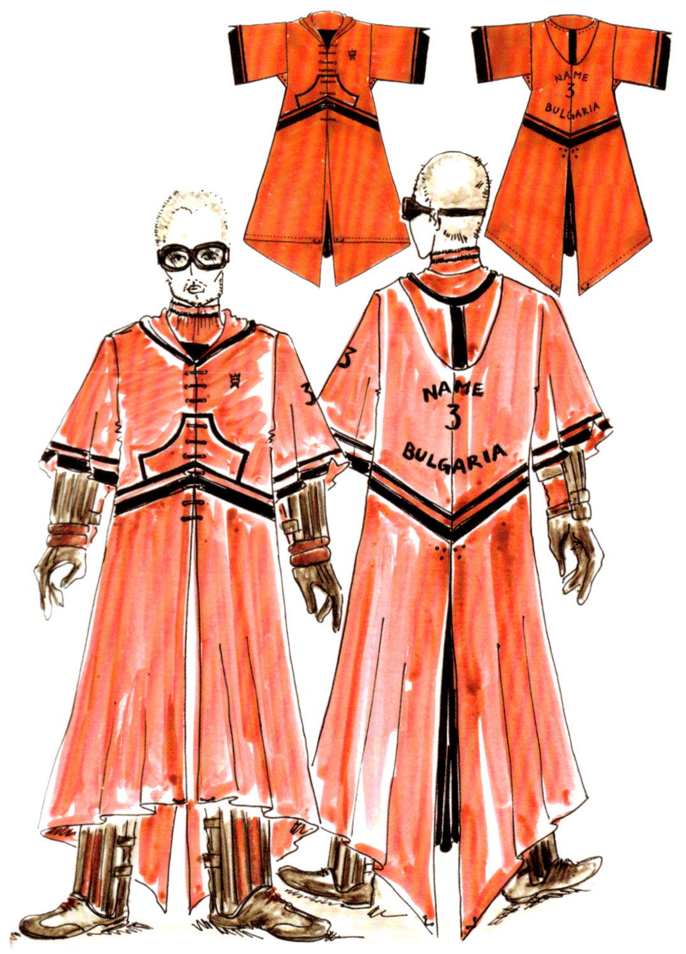

- BULGARIAN TEAM -

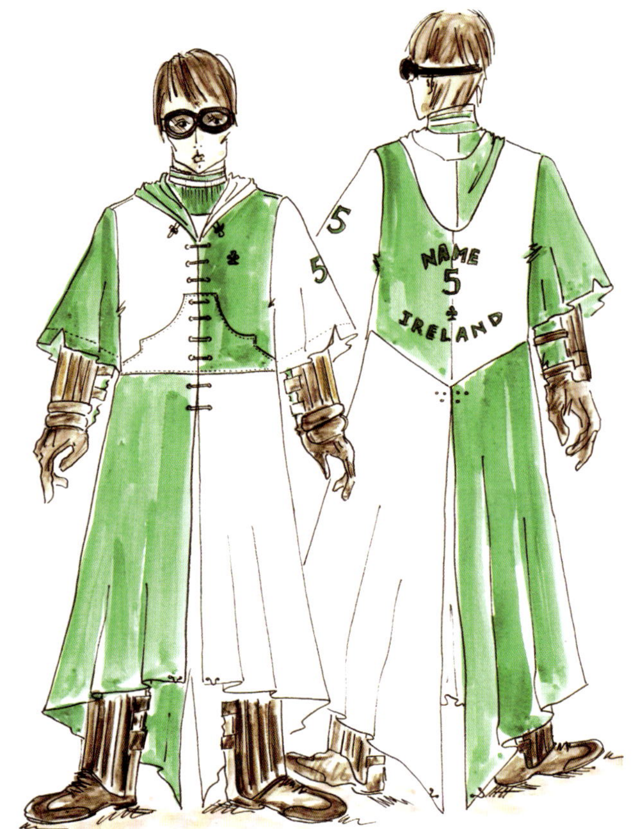

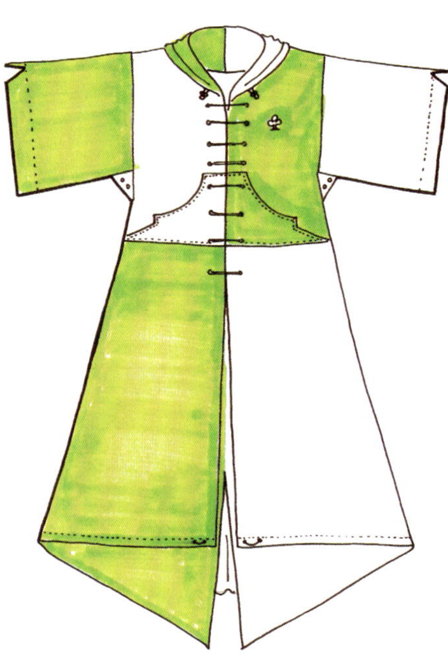

- IRISH TEAM -

PROFI-QUIDDITCH: BÜCHER UND SONSTIGE MEDIEN

Fans der Profi-Quidditch-Teams bleiben dank dem internationalen Quidditch-Magazin *Seeker Weekly*, das in Großbritannien erscheint, stets auf dem Laufenden. Gestaltet und verfasst wurde es von den Grafikern Miraphora Mina und Eduardo Lima. Diese Ausgabe würde Ron Weasley wohl kaum gefallen, da sie über den Abstieg seines geliebten Teams, die Chudley Cannons, berichtet. Ein Artikel, der die beiden neuen Besen „Air Wave Gold“ und „Turbo XXX“ im Vergleich präsentiert, wird auf dem Cover beworben, auf der Rückseite findet sich Werbung für Kürbissaft.

Auch Bücher über die Sportart im Allgemeinen erfreuen sich bei den Schülern großer Beliebtheit. Eines davon ist *Quidditch Teams of England and Ireland* (Quidditch-Mannschaften Englands und Irlands), geschrieben von Miro Limus, einer Verschmelzung der beiden Namen der Grafiker. Ein weiteres Buch mit dem Titel *Flying with the Cannons* (Fliegen mit den Cannons) widmet sich ausschließlich den Chudley Cannons und ist somit ein absolutes Muss für jeden Fan. Die Sonderedition rühmt die glorreiche Vergangenheit, Gegenwart und Zukunft der Cannons. Bei Publikationen, die nicht ausdrücklich in den Romanen von J. K. Rowling erwähnt sind, gestaltete das Grafikteam mit Genehmigung der Autorin alle Umschläge und Einträge selbst.

Daneben gab es für Fans der Chudley Cannons Abzeichen und Poster wie etwa jenes mit dem Motto der Mannschaft: „Let’s All Just Keep Our Fingers Crossed and Hope for the Best!“ (Lasst uns einfach alle die Daumen drücken und das Beste hoffen!)

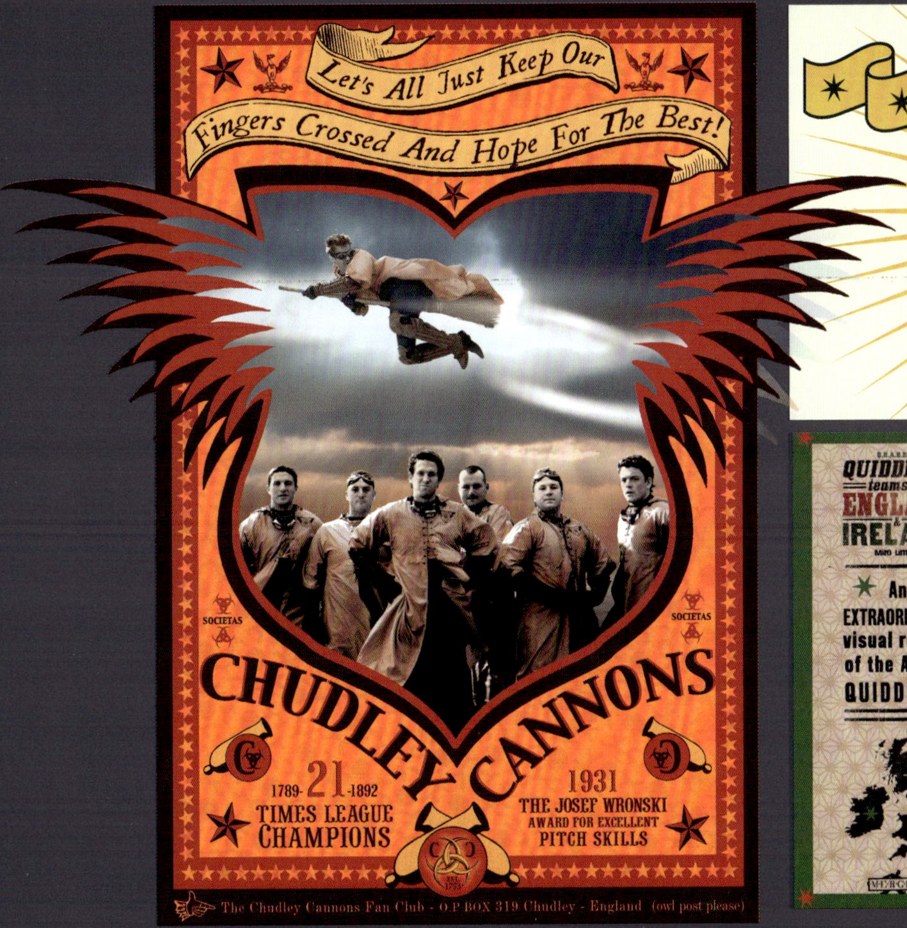

Let's All Just Keep Our Fingers Crossed And Hope For The Best!

SOCIETAS

SOCIETAS

CHUDLEY CANNONS

1789-21-1892
TIMES LEAGUE CHAMPIONS

1931
THE JOSEF WRONSKI
AWARD FOR EXCELLENT
PITCH SKILLS

The Chudley Cannons Fan Club - O.P BOX 319 Chudley - England (owl post please)

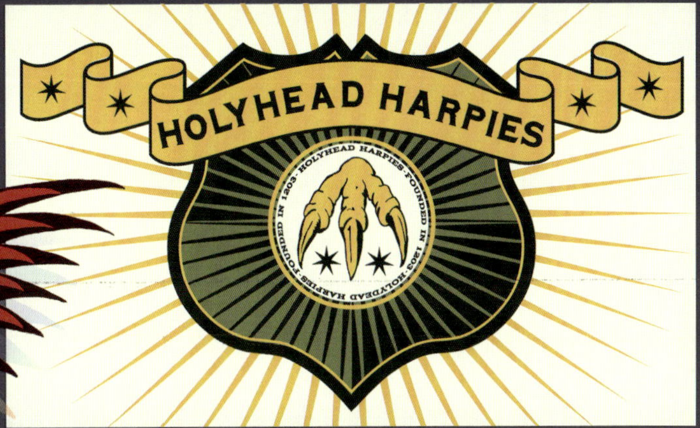

HOLYHEAD HARPIES

HOLYHEAD HARPIES · FOUNDED IN 1203 · HOLYHEAD HARPIES · FOUNDED IN 1203

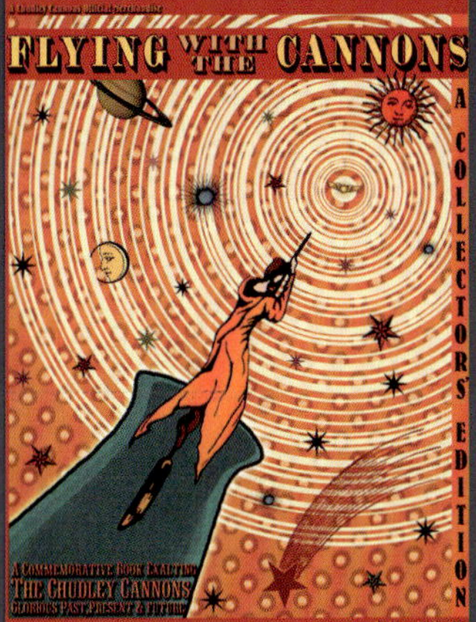

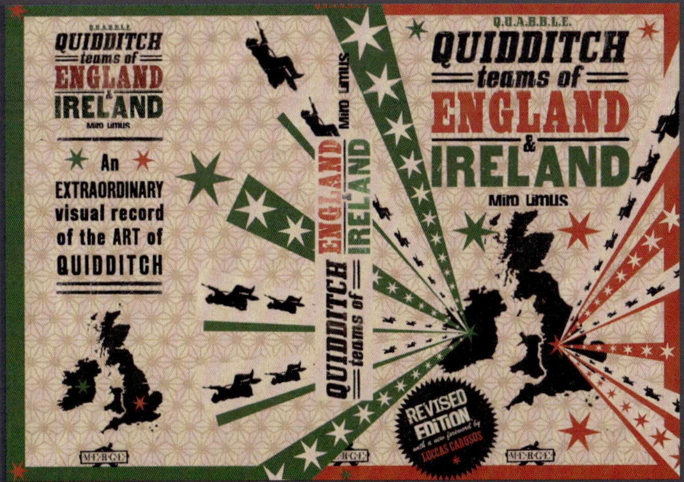

QUIDDITCH teams of ENGLAND & IRELAND
Miro Limus

An EXTRAORDINARY visual record of the ART of QUIDDITCH

QUIDDITCH teams of ENGLAND & IRELAND Miro Limus

Q.U.A.B.B.L.E.
QUIDDITCH teams of ENGLAND & IRELAND
Miro Limus

REVISED EDITION
with a new foreword by LUCCAS CARUSOS

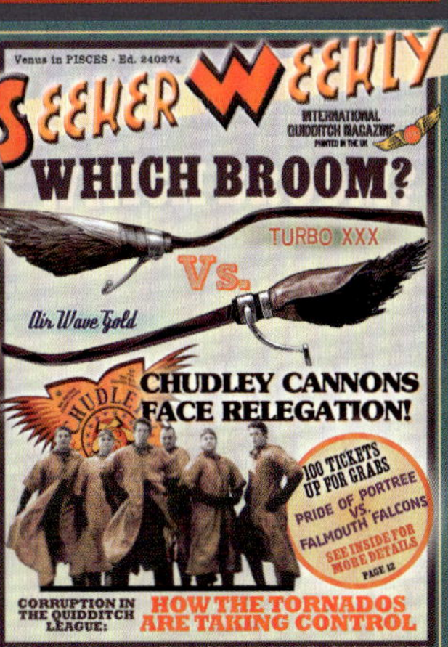

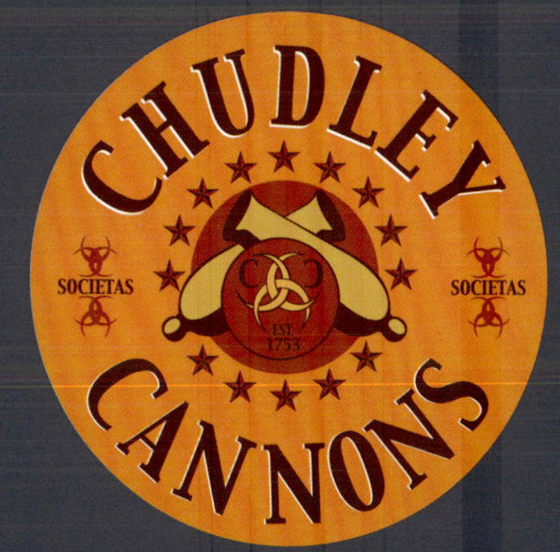
CHUDLEY
SOCIETAS
SOCIETAS
CANNONS

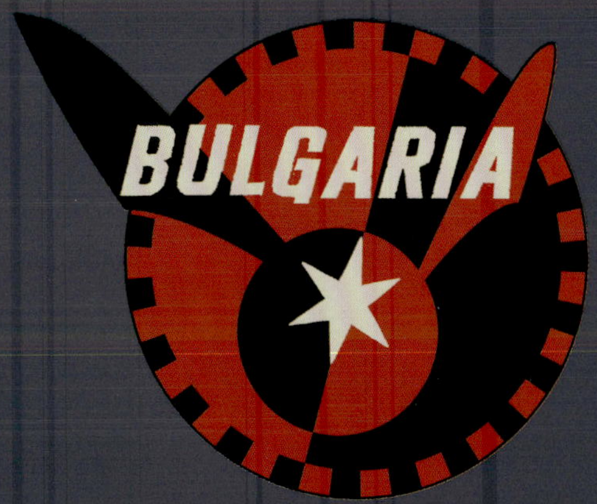
BULGARIA

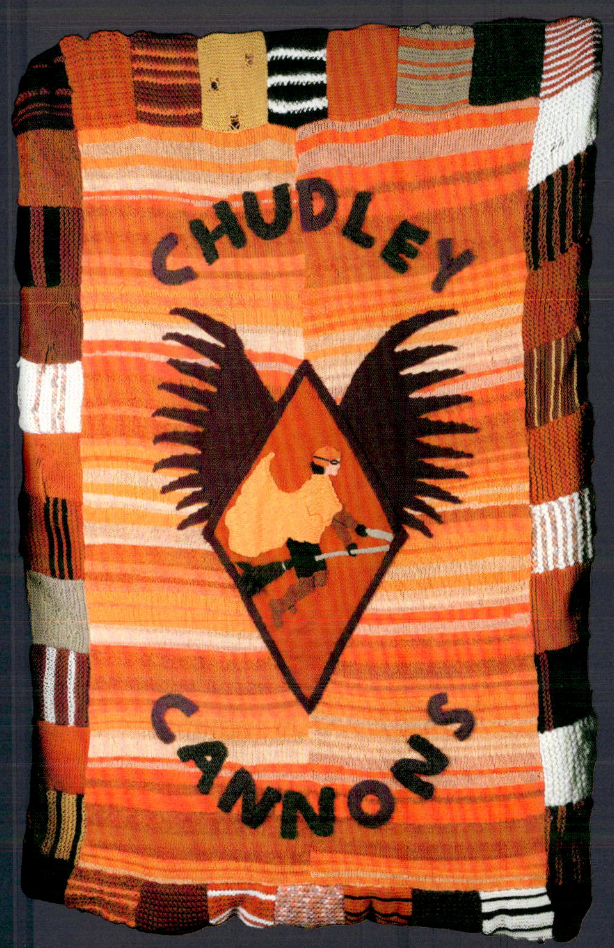
CHUDLEY
CANNONS

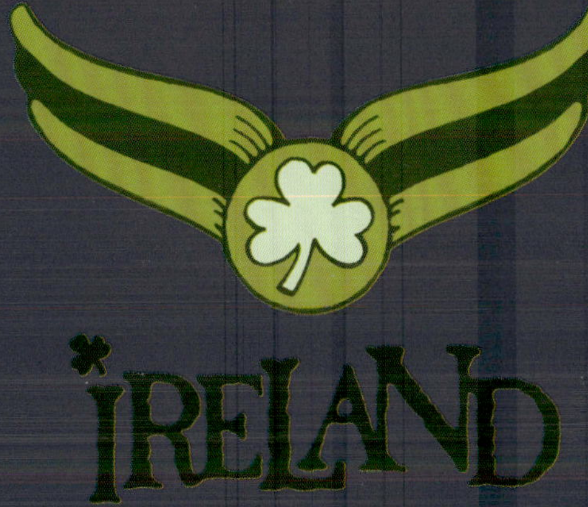
IRELAND

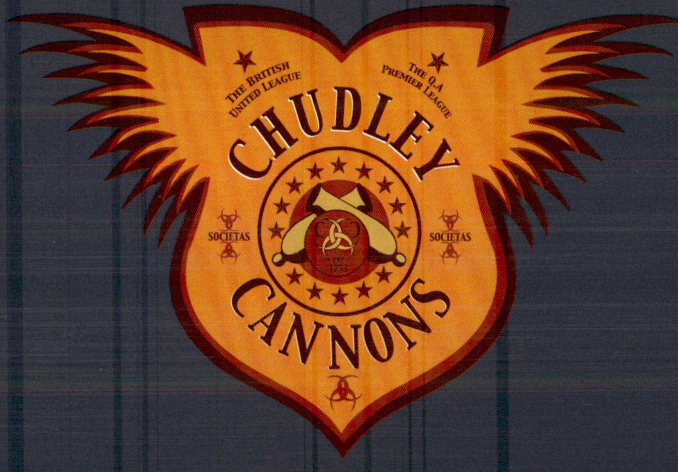
THE BRITISH UNITED LEAGUE
THE Q.A PREMIER LEAGUE
CHUDLEY
SOCIETAS
SOCIETAS
CANNONS

QUIDDITCH-FANARTIKEL

Nach dem Ende der 422. Quidditch-Weltmeisterschaft sind in *Harry Potter und der Feuerkelch* auf Seamus Finnigans Nachttisch im Jungenschlafsaal von Gryffindor Erinnerungsstücke des irischen Nationalteams zu sehen. Sein Zimmerkollege Dean Thomas schmückte seinen Bereich mit Andenken an den englischen Fußballverein West Ham United. In Ron Weasleys Schlafbereich finden sich natürlich ein Poster der Chudley Cannons und andere Fanartikel.

Auch Rons Zimmer im Fuchsbau, dem Zuhause der Weasleys, steht ganz im Zeichen seines Lieblingsteams. An der Wand hängt ein weiteres Poster der Chudley Cannons, aber sein wertvollstes Andenken ist wohl ein orange gestreifter Bettüberwurf mit dem Logo der Cannons. Dieser ist in *Harry Potter und der Feuerkelch* zu sehen, als Hermine Ron und Harry am Morgen der Quidditch-Weltmeisterschaft weckt. Nach Auffassung der Szenenbildnerin Stephenie McMillan durfte auf Rons Bett keine Strickdecke fehlen, da Rons Mutter Molly so gern strickte. Stephenie McMillan hatte mit Shirley Lancaster eine Strickerin am Set, die unter anderem die Weihnachtspullover der Weasley-Kinder sowie den Patchworküberwurf auf Rons Bett im Schlafsaal anfertigte. „Shirley strickte einen riesigen orangefarbenen Überwurf mit dem Schriftzug *Chudley Cannons* und einem fliegenden Quidditch-Spieler – ein umwerfendes Teil“, so die Szenenbildnerin.

Das gute Stück ist abermals in *Harry Potter und der Halbblutprinz* zu sehen, als Harry und Hermine vor Schulbeginn die Weasleys besuchen. „Nach dem Brand im Fuchsbau konnten wir es leider in den folgenden Filmen nicht mehr zeigen, aber es wird in Ehren gehalten.“

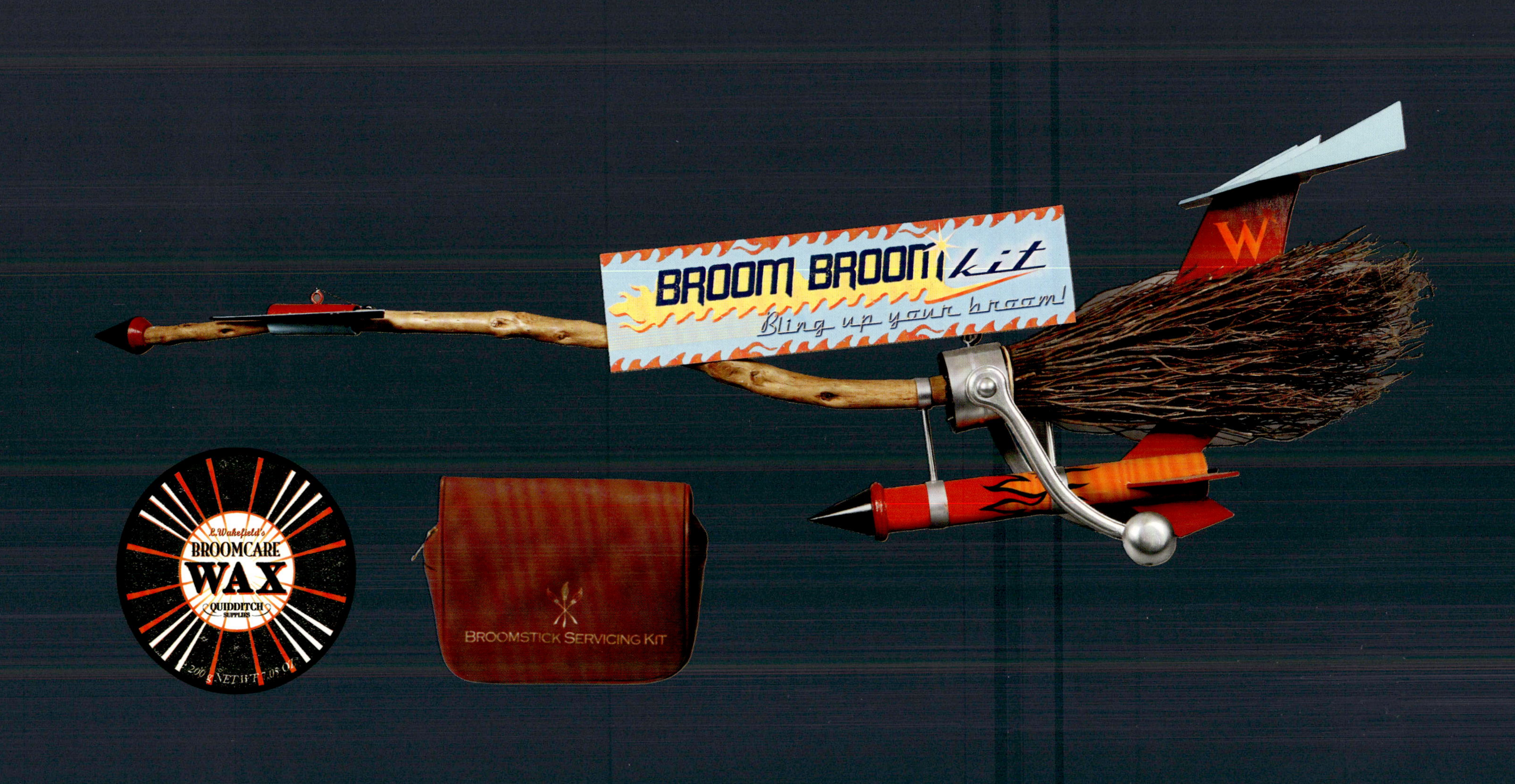
BROOM BROOM kit
Bling up your broom!
W
L.Wakefield's
BROOMCARE
WAX
QUIDDITCH
SUPPLIERS
BROOMSTICK SERVICING KIT

BESENBEDARF

Da Besen bei ihrem Gebrauch stark beansprucht werden, sind entsprechende Spezialprodukte für deren Pflege und Wartung das A und O. *Weasleys Zauberhafte Zauberscherze* bietet das sogenannte „Broom Broom kit" (bedeutet in etwa Brumm-Brumm-Besenset), mit dem sich Besen aufmotzen lassen. Entworfen wurde es von der Grafikabteilung unter der Leitung von Miraphora Mina und Eduardo Lima, mit Unterstützung von Lauren Wakefield. Damit können Besitzer ihre Besen zum Beispiel mit Feuerwerkskörpern am Besengriff und unter dem Sitz aufpimpen – oder mit einem Spoiler über den Borsten.

Miraphora Mina und Eduardo Lima benutzten für die Produkte oft die Namen von Familien- und Teammitgliedern. So wird Wakefield auf einer Dose Besen-Pflegewachs genannt, das es bestimmt bei *Qualität für Quidditch* in der Winkelgasse gibt.

SNITCH SNATCHER!

Snitch Snatcher! (bedeutet so viel wie Schnatz-Greifer) ist ein Brettspiel zum Lieblingssport der Zauberwelt. Das Spiel wird in der Großen Halle von Fred und George Weasley in einer gestrichenen Szene aus *Harry Potter und der Gefangene von Askaban* gespielt. Die Grafikdesigner Miraphora Mina und Eduardo Lima gestalteten ein Miniatur-Quidditch-Feld aus Karton und Spielfiguren, die mit der Hand auf Besen über das Spielbrett manövriert werden. Außerdem gibt es aufstellbare Zuschauertürme in den Hausfarben von Hogwarts.

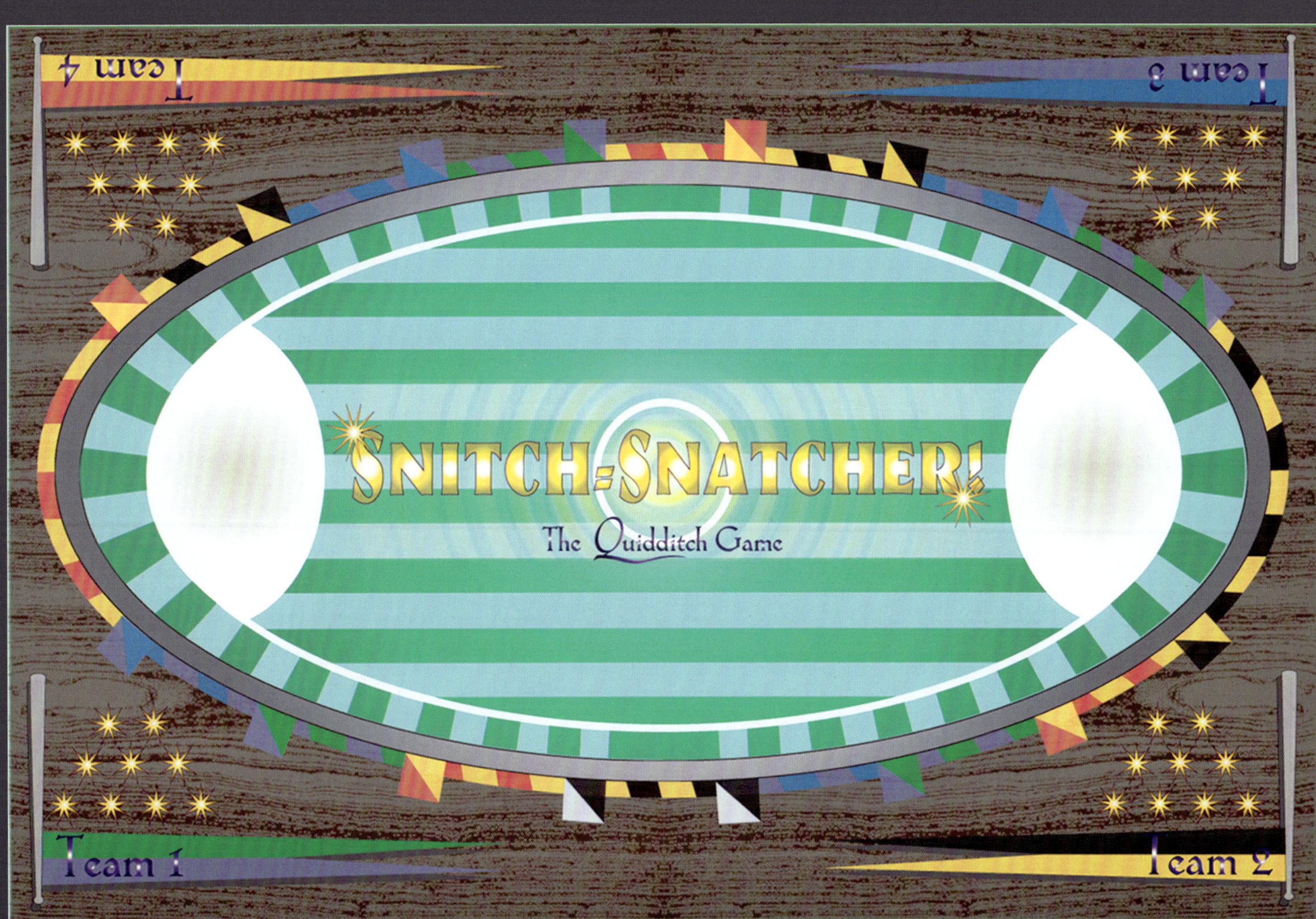

Team 4
Team 3
SNITCH-SNATCHER!
The Quidditch Game
Team 1
Team 2

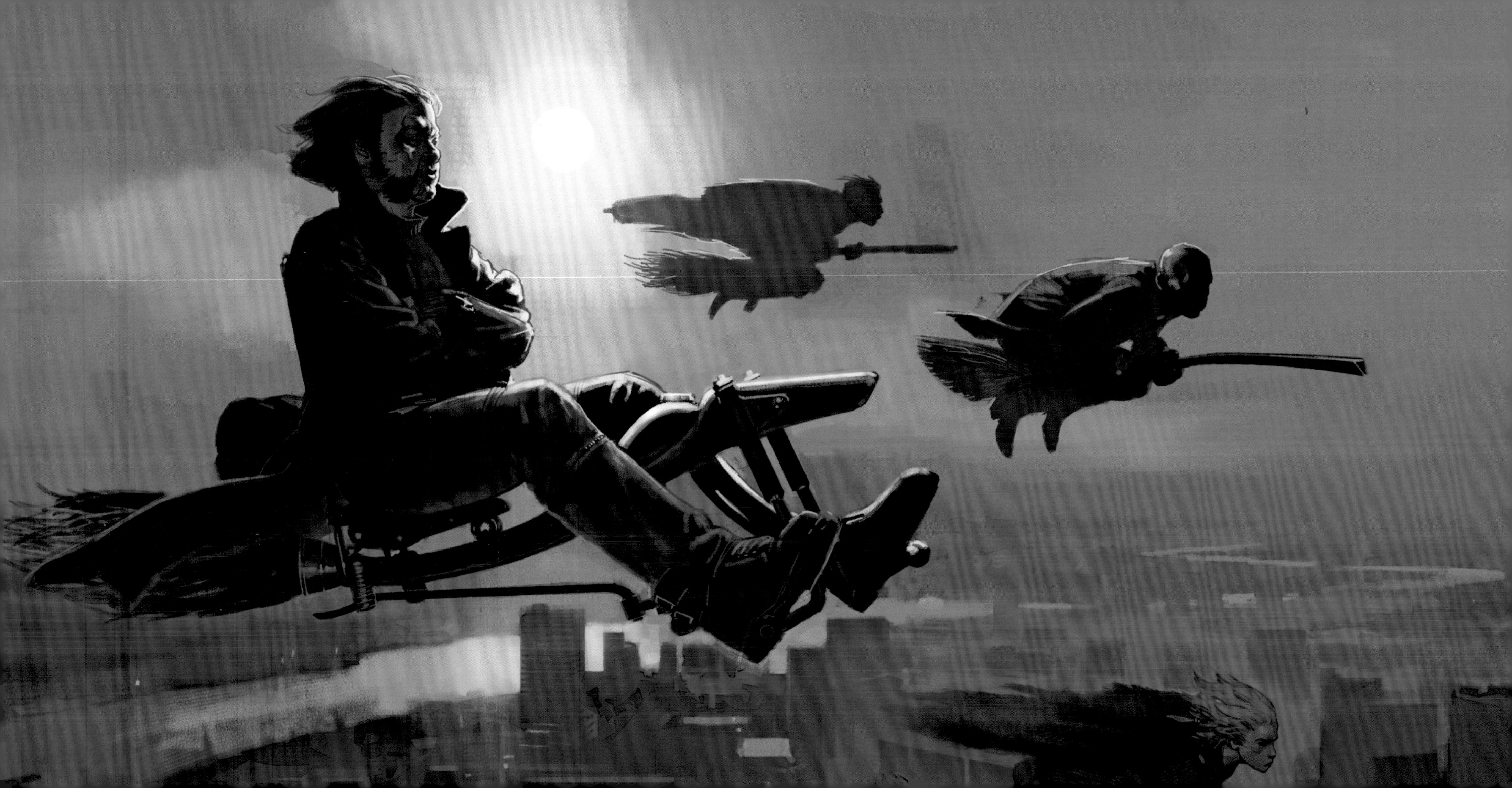

DER ORDEN DES PHÖNIX

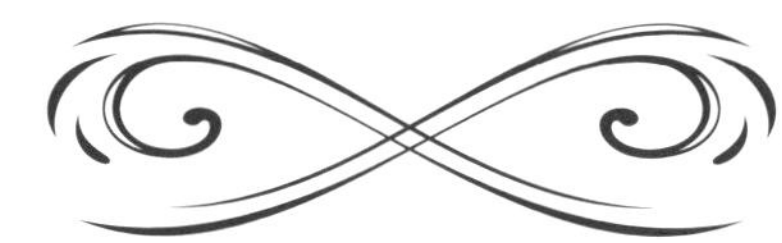

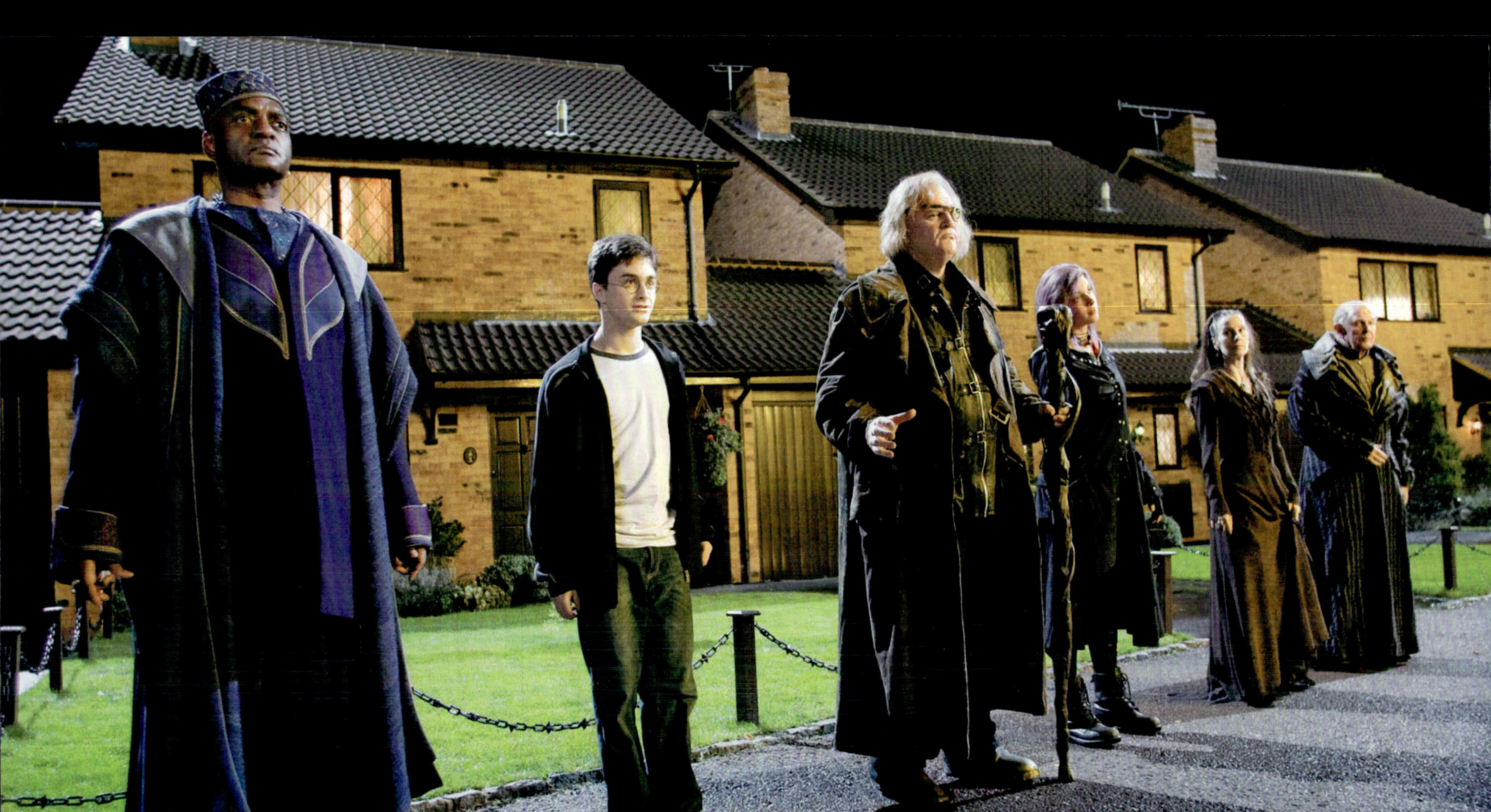

WÄHREND DES ERSTEN ZAUBERERKRIEGS versammelte Albus Dumbledore eine Gruppe von Zauberern und Hexen um sich, die sich dem Kampf gegen Lord Voldemort verschrieben. Dieser verschwand, nachdem er vergeblich versucht hatte, Harry Potter mit dem Todesfluch *Avada Kedavra* zu töten. Als Voldemort in *Harry Potter und der Feuerkelch* in körperlicher Gestalt wiederkehrt, ruft dies den Orden – mit altbekannten und neuen Mitgliedern – erneut auf den Plan.

In *Harry Potter und der Orden des Phönix* kommen fünf Mitglieder des Ordens – Alastor „Mad-Eye" Moody, Kingsley Shacklebolt, Nymphadora Tonks, Emmeline Vance und Elphias Doge – zum Ligusterweg, um Harry zum Hauptquartier des Ordens am Grimmauldplatz Nr. 12 zu eskortieren. Die Truppe fliegt die Themse entlang in Richtung ihres Zielorts. Dazu brauchte es neue Besen für die Schauspieler, die im Gegensatz zu Daniel Radcliffe noch nie zuvor auf einem Besen „geflogen" waren. „Es waren anspruchsvolle und langwierige Aufnahmen", erklärt der Regisseur des Zweiten Stabes, Stephen Woolfenden. „Die Darsteller werden mit bis zu vier Windmaschinen angeblasen, sie können nichts hören, und sie müssen die Bewegungen einstudieren und natürlich wirken lassen." Peter Cartwright, der Elphias Doge verkörperte, war zum damaligen Zeitpunkt 71 Jahre alt. „Wir mussten darauf achten, wie lange wir ihn auf der Konstruktion ließen", so Stephen Woolfenden. „Aber er war einfach großartig und meinte zu uns, das wäre einer der tollsten Drehs seines Lebens. Er war an zwei, drei Tagen dort oben und machte es ausgezeichnet."

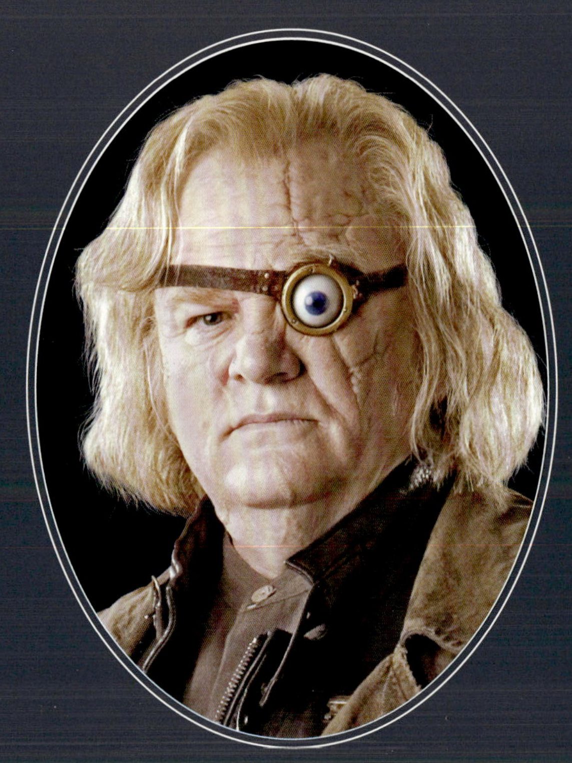

ALASTOR „MAD-EYE" MOODYS BESEN

„Wir müssen die Transportmittel benutzen, die die Spur nicht erkennt. Besen, Thestrale und dergleichen."

Alastor Moody, *Harry Potter und die Heiligtümer des Todes – Teil 1*

In *Harry Potter und der Orden des Phönix* begegnet Harry zum ersten Mal dem wahren Alastor Moody, der für seine Überstellung zum Grimmauldplatz Nr. 12 verantwortlich ist. Moody trägt einen Militärmantel, der Konzeptkünstler Adam Brockbank zu seinem rebellischen Design für den Besen inspirierte. „Ich ging mit einer ganz besonderen Idee zu Stuart Craig. Mir schwebte nämlich ein Besen in der Art eines Motorrads aus dem Kult-Roadmovie *Easy Rider* vor. Moody sollte darauf wie auf einem Chopper mit nach vorn ausgestreckten Beinen sitzen", erinnert sich Adam Brockbank. Als die Endversion stand, „war es ein wirklich cooles Teil – wunderschön gefertigt, und allein schon, wie Moody auf dem Besen sitzt, lässt erkennen, dass er anders als die anderen Besen ist", so Brockbank weiter.

Moodys Besen ist aus mahagonifarbenem Holz mit fließenden Kurven. Die Pedale vorn lassen ihn wie einen Chopper wirken. Neben dem Sitz, der vom Mantel verdeckt wird, hat das gute Stück eine Rückenlehne und Steuerknüppel. Die Borsten bestehen aus dicht gebundenen strohfarbenen Zweigen, die Lehne lässt sich zum leichteren Tragen zusammenklappen.

„Ich habe den coolsten Besen von allen", schwärmt Schauspieler Brendan Gleeson mit einem Grinsen im Gesicht. Wie er zugibt, bekommt er leicht Höhenangst, dafür hat es ihm aber die Geschwindigkeit angetan. „Es war wie eine Achterbahnfahrt", beschreibt es Brendan Gleeson, dem die Flugszene wirklich viel Spaß gemacht hat.

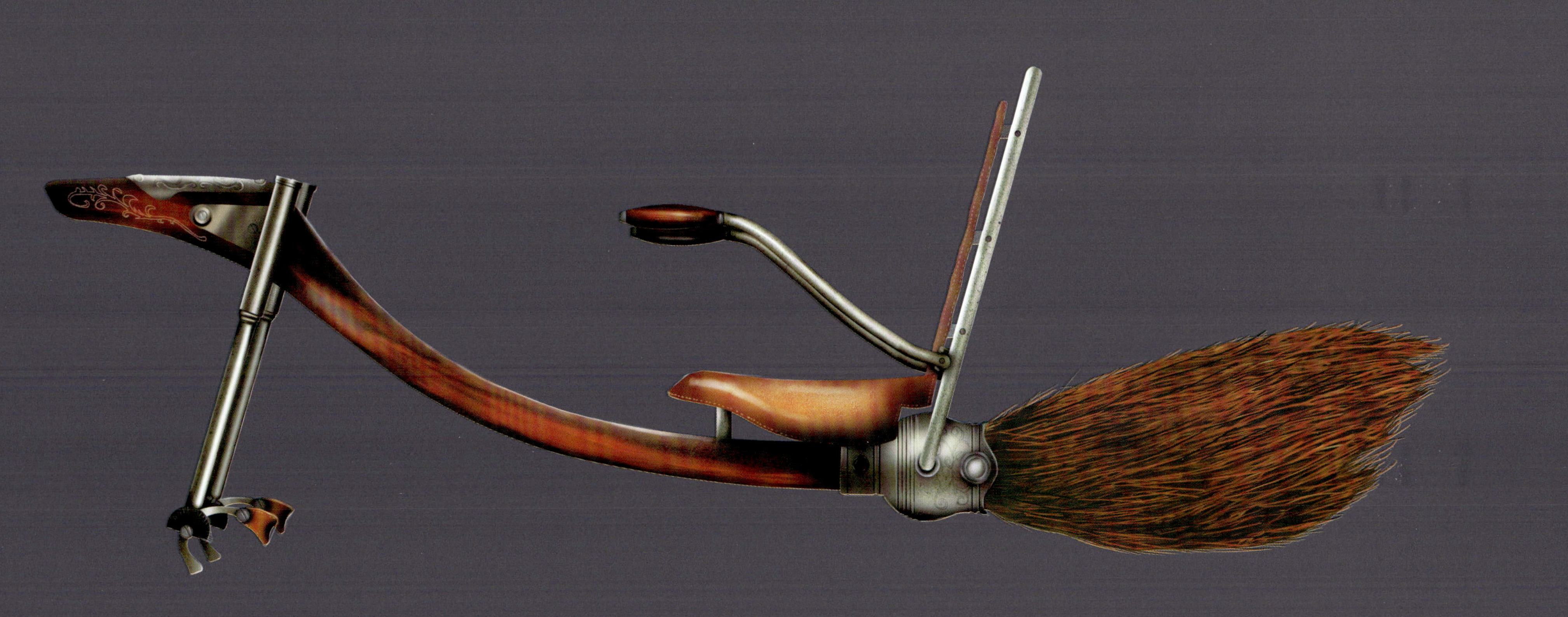

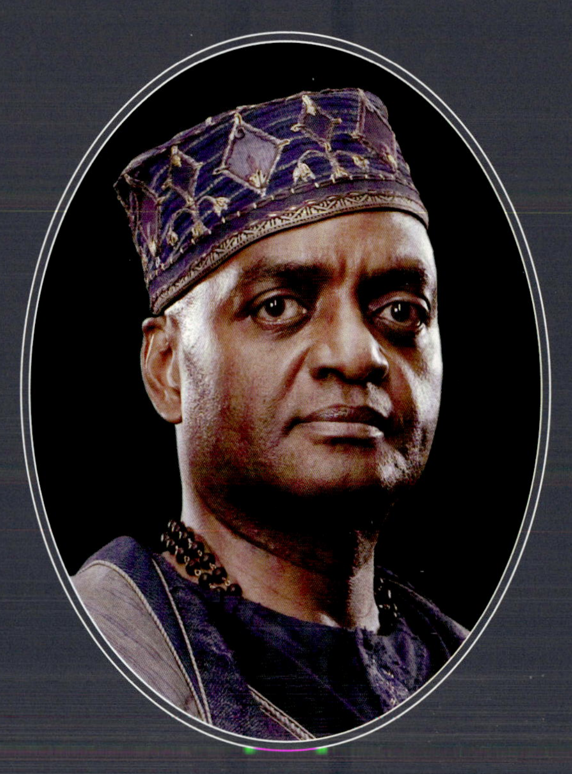

KINGSLEY SHACKLEBOLTS BESEN

„Kingsley, du übernimmst die Spitze."

Alastor Moody, *Harry Potter und der Orden des Phönix*

Kingsley Shacklebolt ist Mitglied im Orden des Phönix und zugleich Auror beim Zaubereiministerium. In *Harry Potter und der Orden des Phönix* gehört er zum Quintett, das Harry vom Ligusterweg zum Grimmauldplatz Nr. 12, dem Hauptquartier des Ordens, begleitet.

Schauspieler George Harris, der den Doppelagenten darstellte, liebte die Flugszenen und hätte gern noch mehr davon gehabt. Kostümdesignerin Jany Temime hatte ihn in ein langes, schweres Gewand gekleidet, „und all der Wind während des Fluges betonte den Look noch mehr", erklärt George Harris.

Shacklebolts Besen hat lange, gerade Borsten, die auffallend anders aussehen als die der meisten anderen Besen. Zur Zierde sind sie mit Savannengras umwickelt. Den Griff bildet ein melierter, gebogener Ast mit einer kleineren Abzweigung, die bei Bedarf als Haltegriff dienen kann. Zwei massive Messingbänder halten die Borsten zusammen, die Fußstützen hingegen sind eher filigran und haben abgerundete Spitzen.

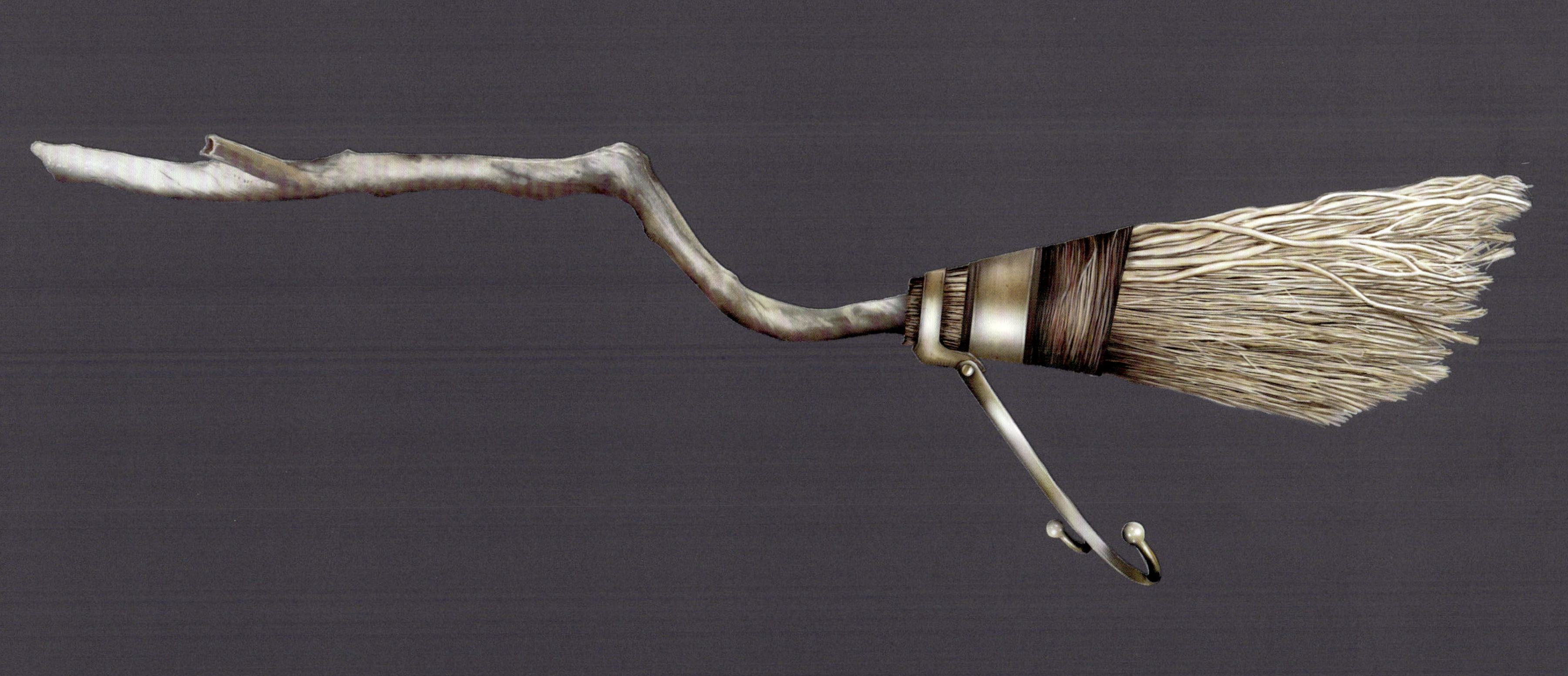

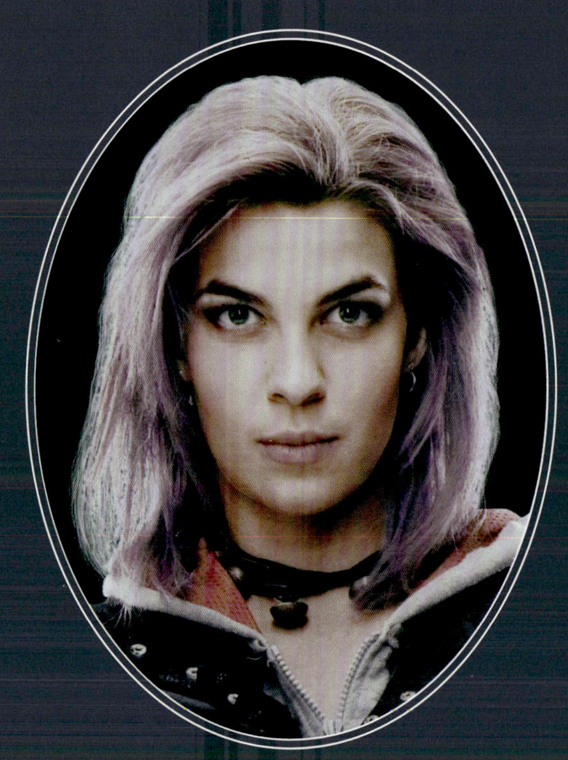

NYMPHADORA TONKS' BESEN

„Nenn mich niemals Nymphadora!"

Tonks, *Harry Potter und der Orden des Phönix*

Nymphadora Tonks ist eine junge Aurorin beim Zaubereiministerium. Sie steht unter der Obhut von Alastor Moody und tritt dem zweiten Orden des Phönix bei. Als Metamorphmagus kann sie ihr Aussehen willentlich verändern. So wechselt sie je nach Stimmung gern ihre Haarfarbe – von Lila über Rosa bis hin zu Weiß. Von diesem Umstand ließen sich auch die Besenmacher inspirieren und wählten Borsten in unterschiedlichen Farbtönen aus. Die Fußstützen sind silbern. Die lederne Abdeckung über den Borsten wirkt wie ein Kotflügel und ist von einer Silbermanschette umgeben. Der raue Besenstiel, den Tonks mit Bändern in Lila und Pink verziert hat, besteht aus knubbeligem dunklem Wurzelholz mit rauer Rinde.

„Ich finde, jeder sollte mal auf einem Besen sitzen", meint Natalia Tena, die Tonks darstellte und eine begeisterte Besenfliegerin war. Sie liebte die Höhe und die wilden Bewegungen auf dem schwenkbaren Stahlträger. „Beim ersten Mal habe ich 36 Takes gebraucht, weil ich so viel gelacht habe", verrät die Schauspielerin. „Es hat wirklich unheimlich Spaß gemacht."

Der „schäbige" Look ihres Besens hatte es ihr besonders angetan. „Ich weiß, dass beim Drehschluss alle ihre Zauberstäbe mitnehmen wollten, aber bei mir war es der Besen", gesteht sie. „Bis zu meinem sechsten Lebensjahr glaubte ich, dass mich drei Hexen an der Türschwelle abgelegt hätten. Und zu meinem 18. Geburtstag hat meine Mutter mir einen Besen geschenkt. Vielleicht war das Ganze ja meine Bestimmung."

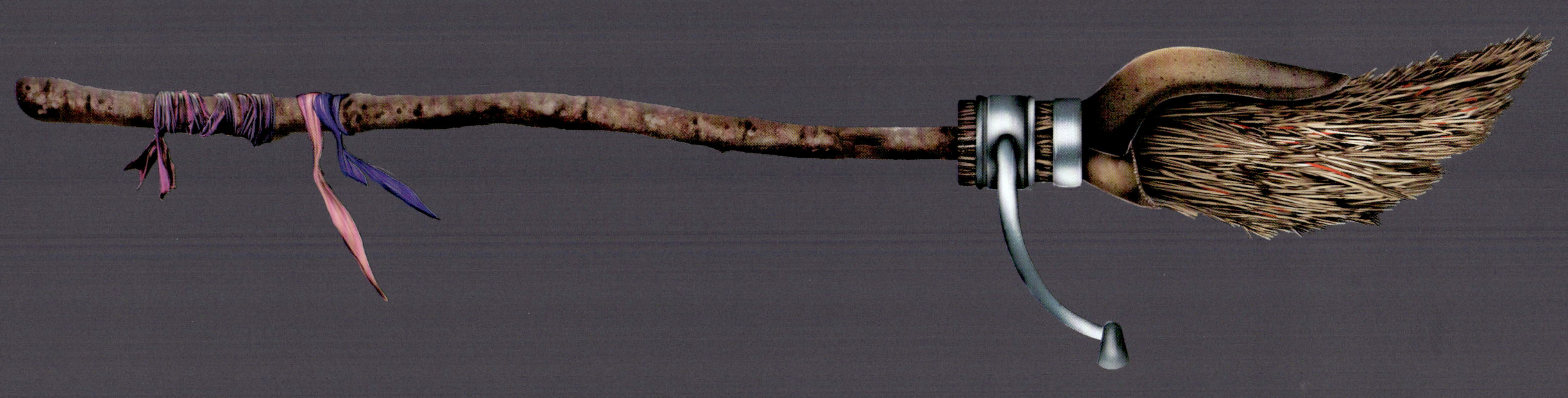

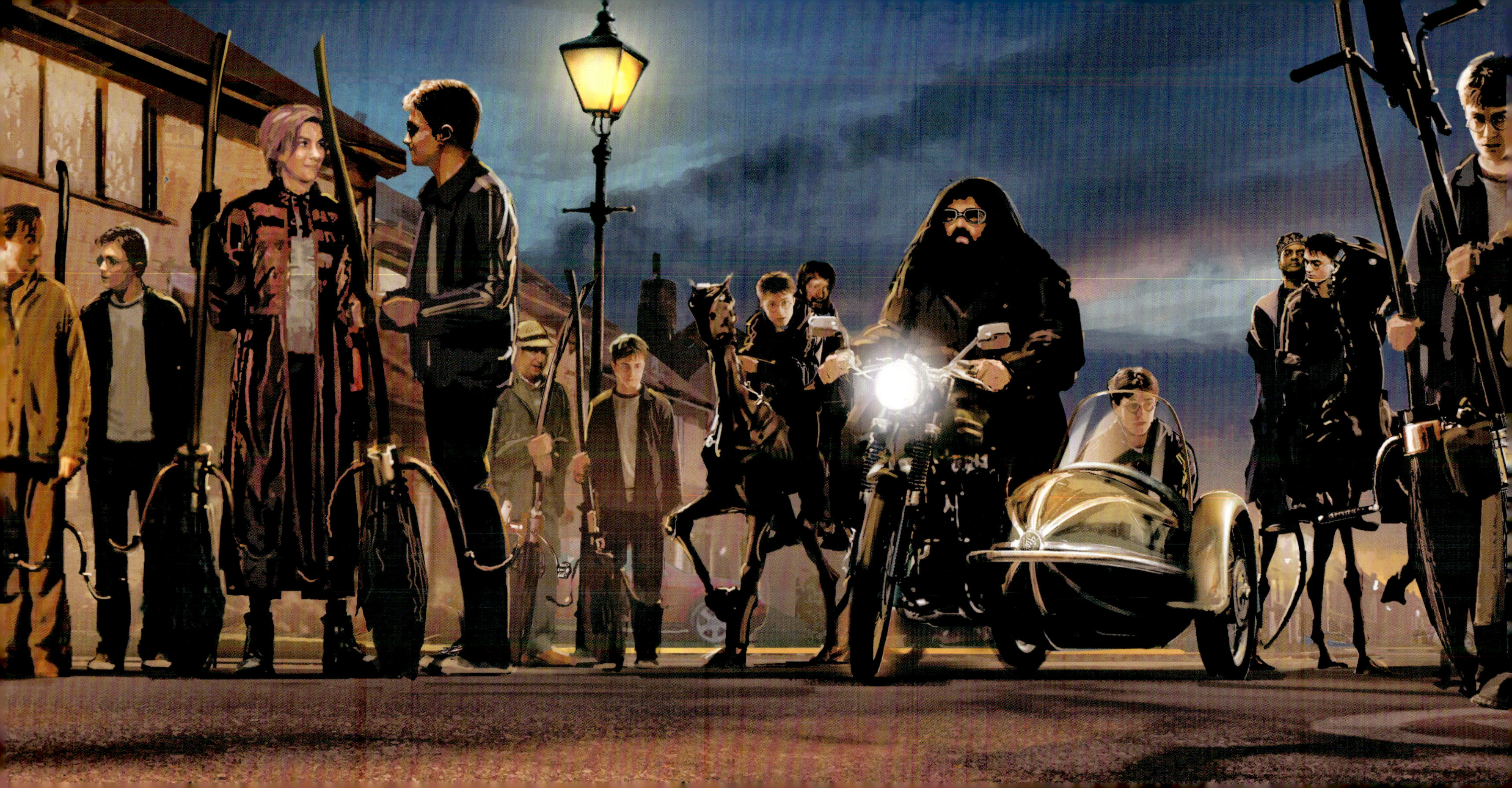

DIE SIEBEN POTTERS

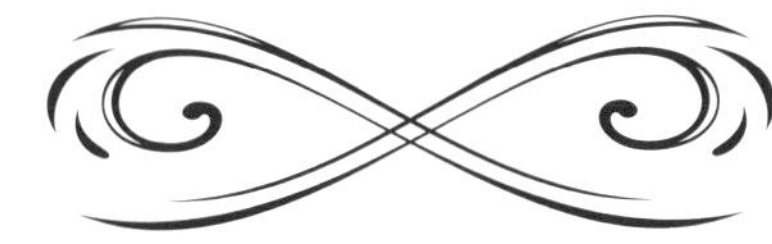

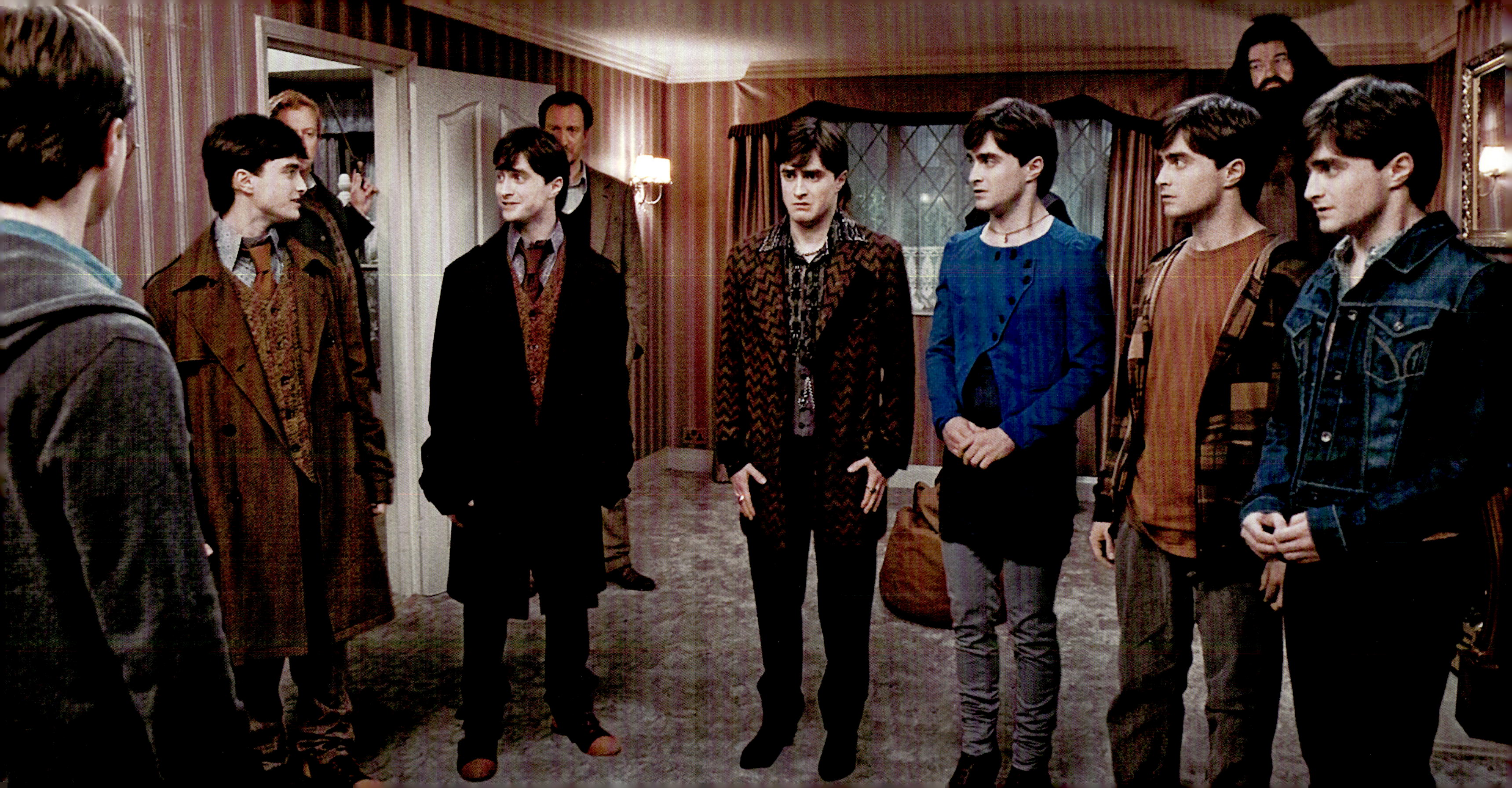

HARRYS SCHUTZ VOR VOLDEMORT und dessen Todessern ist ein zentrales Thema in *Harry Potter und die Heiligtümer des Todes – Teil 1*. Daher hält es der Orden des Phönix für besser, wenn der junge Zauberer das Vorstadthaus seiner Tante und seines Onkels verlässt und im Fuchsbau Unterschlupf sucht. Als Minderjährigem hängt Harry jedoch noch die „Spur" an. Daher hat der Orden einen einmaligen Plan ausgeklügelt: Mithilfe von Vielsaft-Trank entstehen sechs zusätzliche „Harrys", die zur Ablenkung der Verfolger in unterschiedliche Richtungen fliegen.

Die Verlobten Bill Weasley und Fleur Delacour (als Harry getarnt) fliegen auf einem Thestral, ebenso Hermine Granger (Harry) und Kingsley Shacklebolt. Der wahre Harry Potter fliegt an der Seite von Hagrid im Beiwagen von dessen Motorrad. Der Rest benutzt Besen: Tonks mit Ron (Harry), Remus und George (Harry) sowie Arthur und Fred (Harry). Scharfen Beobachtern dürfte nicht entgehen, dass einer der unechten Harrys auf dem Feuerblitz fliegt. „Mad-Eye" Moody wird widerwillig von Mundungus Fletcher (Harry), einem Mitglied des Ordens, begleitet, der beim ersten Anzeichen von Schwierigkeiten disappariert.

Sobald sie in der Luft sind, wird der Orden in einem spektakulären Luftkampf von Todessern angegriffen. „Zu Beginn der Filmreihe konnten wir die Besen nur mit hydraulischen Trägern steuern", erklärt John Richardson, der Verantwortliche für Spezialeffekte. Ab dem siebten Film stand dann ein vollelektronisches System zur Verfügung, das komplexere Bewegungen möglich machte und perfekt mit den Prävisualisierungen der Abteilung für visuelle Effekte gekoppelt war. „Wir haben die neuen technischen Möglichkeiten voll ausgeschöpft", fügt John Richardson hinzu.

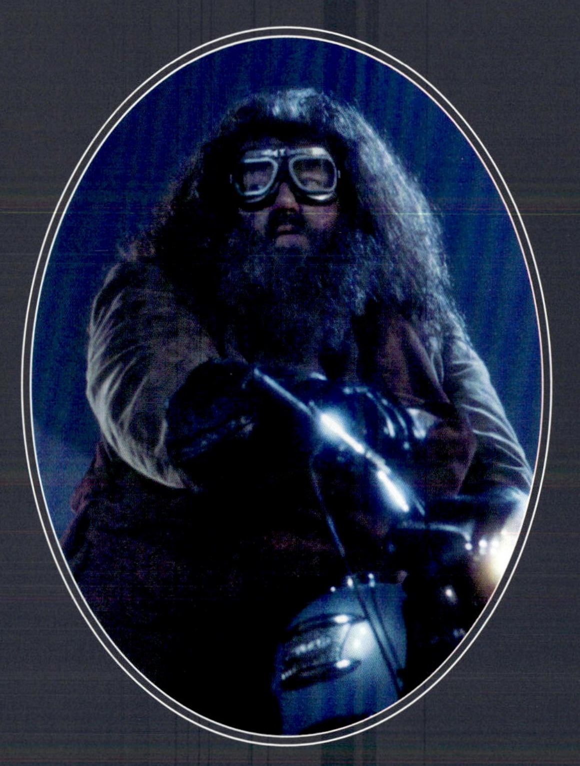

HAGRIDS MOTORRAD

Als Rubeus Hagrid in *Harry Potter und der Stein der Weisen* den kleinen Harry Potter nach dem Tod seiner Eltern zum Haus seiner Tante im Ligusterweg bringt, fliegt er nicht auf einem Besen, sondern auf einem Motorrad, und zwar einem Triumph Bonneville T120 aus dem Jahr 1959. 17 Jahre später bringt Hagrid in *Harry Potter und die Heiligtümer des Todes – Teil 1* Harry erneut mit einem Motorrad vom Ligusterweg weg, diesmal allerdings mit einem türkisfarbenen Royal Enfield samt Watsonian-Beiwagen.

„Wir versuchten, das unverkennbare Motorrad aus *Harry Potter und der Stein der Weisen* aufzutreiben, aber das war schwierig", erklärt John Richardson. „Dann fanden wir ein Gefährt mit ähnlichem Aussehen, das problemlos erhältlich war." Sieben gleiche Modelle waren für den Dreh der Filmsequenz nötig: Zwei davon hatten einen verbesserten Motor für die Stunts, die anderen wurden so umgebaut, dass sich die Räder in der Luft drehten, während das betreffende Motorrad für die Flugszenen an einem Kran hing.

Auf der Flucht lenkt Hagrid den fliegenden Untersatz in einen Tunnel und dann die Wand hinauf, sodass sie kopfüber fahren und Harry beinahe aus dem Beiwagen fällt. Ein weiteres Modell wurde mit Riemen und Glasfasersitzen ausgestattet, die stark genug waren, um einen Stuntman in voller Hagrid-Montur zu halten. Teile der Szene wurden im Queensway-Tunnel von Liverpool gefilmt.

Schließlich legt das Fahrzeug eine Bruchlandung im Sumpfgebiet beim Fuchsbau hin. Dazu wurde ein umgebautes Royal Enfield auf einer Schiene, ähnlich wie bei einer Wildwasserbahn, in ein wassergefülltes Set gelenkt.

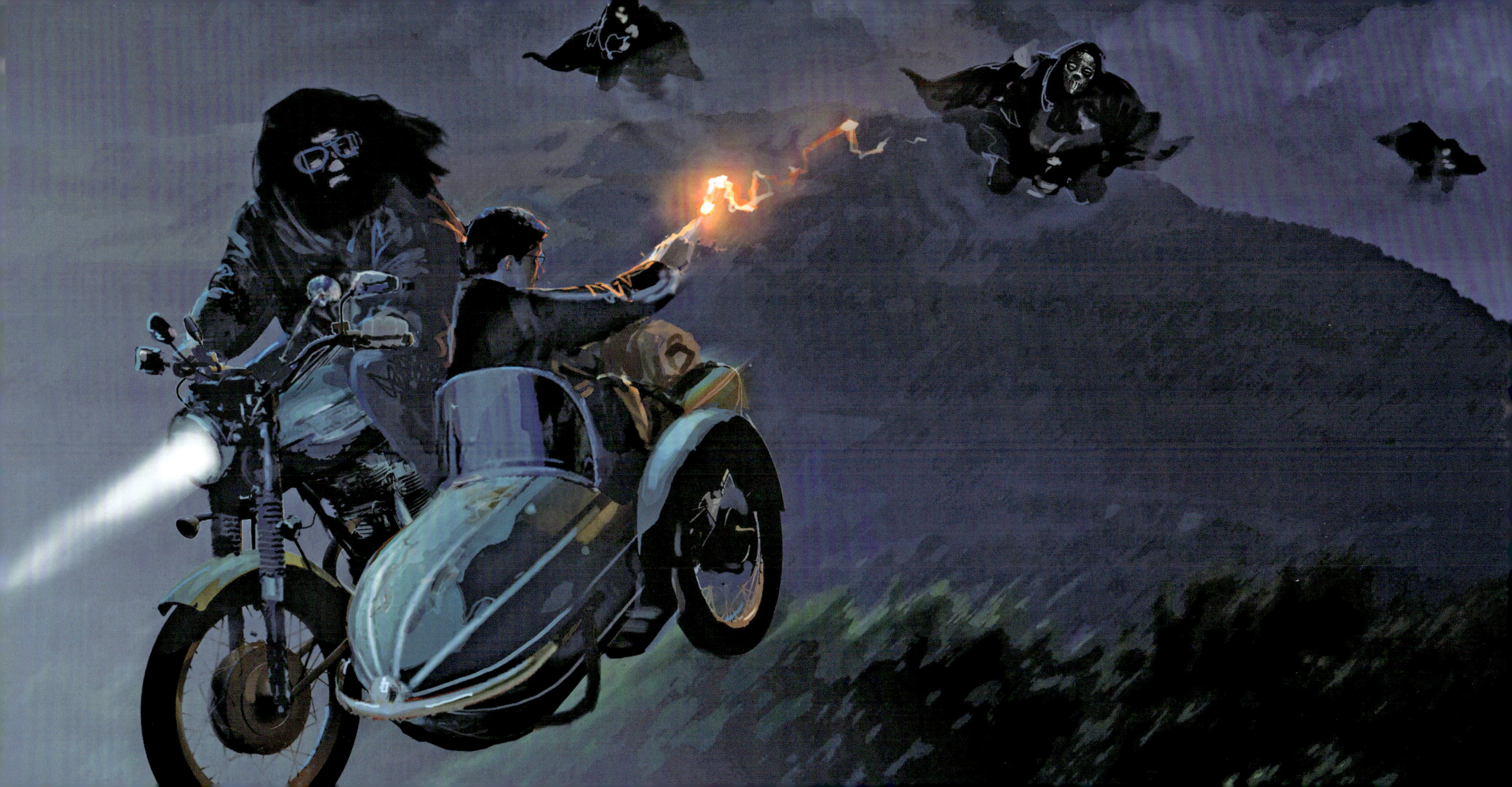

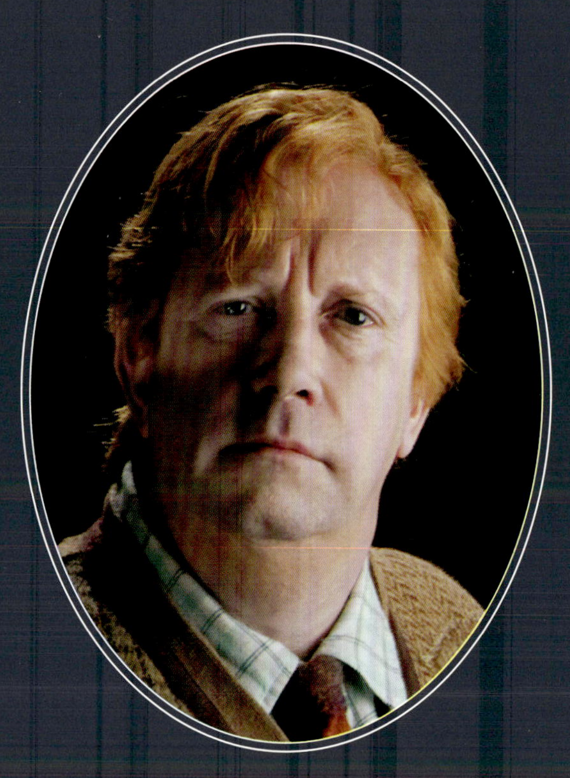

ARTHUR WEASLEYS BESEN

„Und, sind wir die letzten? Wo ist George?“

Arthur Weasley, *Harry Potter und die Heiligtümer des Todes – Teil 1*

Die Weasley-Eltern Molly und Arthur sind Mitglieder beim zweiten Orden des Phönix. Daher ist auch Arthur an dem Täuschungsmanöver in *Harry Potter und die Heiligtümer des Todes – Teil 1* beteiligt, bei dem Harry vom Ligusterweg in den Fuchsbau, das Zuhause der Weasleys, übersiedelt. Bei dieser Aktion teilt sich das Familienoberhaupt seinen Besen mit seinem Sohn Fred.

Der Besen entstand nach einem Design der Grafikerin Miraphora Mina, die oftmals den Auftrag zum Entwurf von Requisiten erhielt. Er bringt Arthurs Faszination für Gegenstände aus der Muggelwelt zum Ausdruck: Anstelle von Fußstützen besitzt er echte Fahrradpedale, auch der Sitz stammt von einem Fahrrad, und auf dem Gepäckträger gibt es sogar eine Fahrradtasche. Die Borsten bestehen aus deutlich orangefarbenen Zweigen.

Für den Besen, der zwei Zauberer tragen musste, fasste Miraphora Mina zunächst ein völlig neues Design ins Auge, entschied dann aber, das vorhandene beizubehalten und die zweite Person hinter dem Besenflieger Platz nehmen zu lassen – so, wie man es bei einem Fahrrad machen würde.

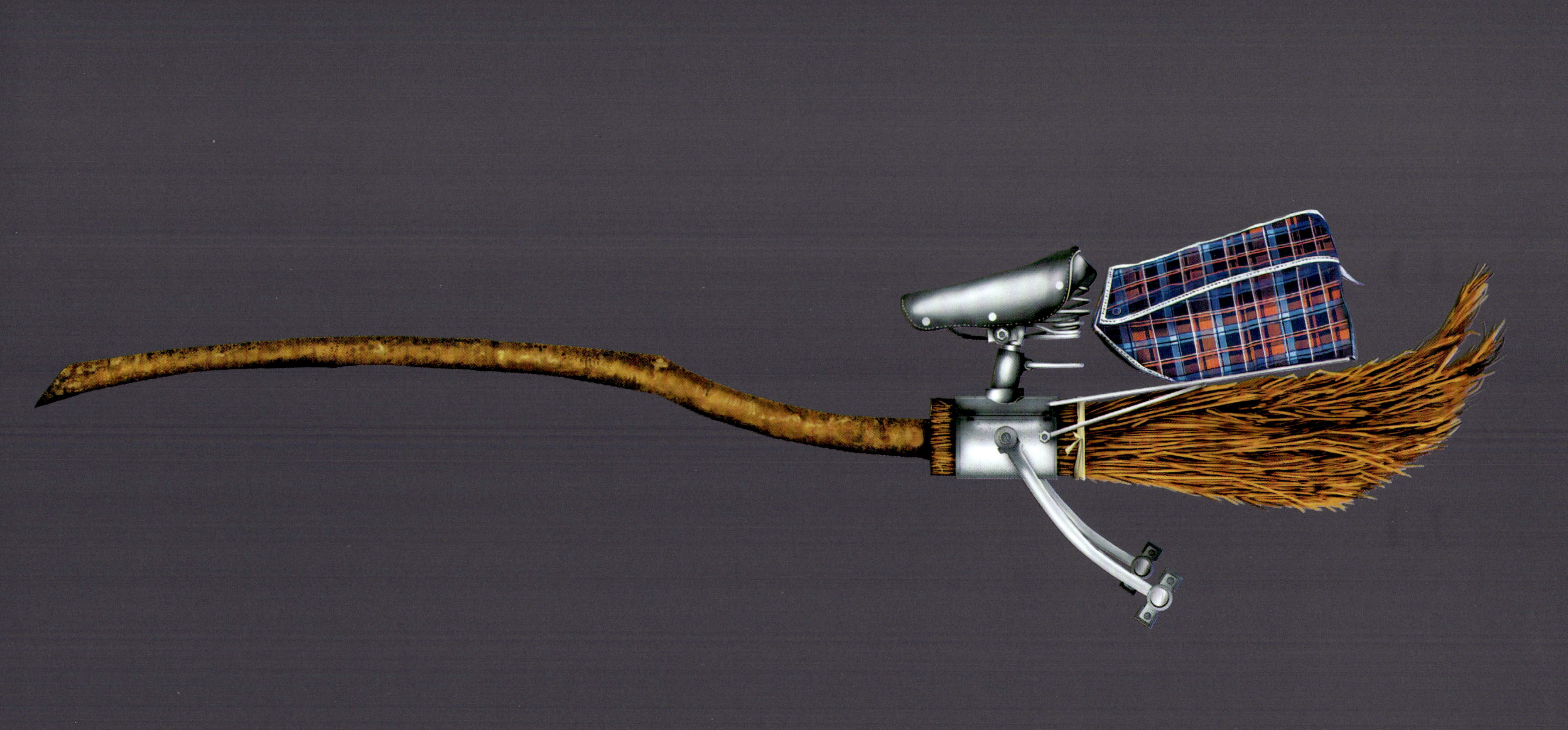

REMUS LUPINS BESEN

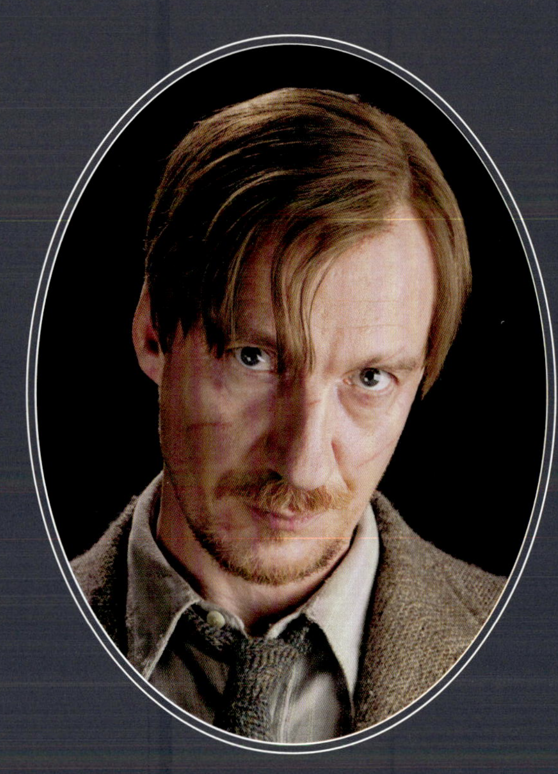

„Welches Wesen saß in der Ecke, damals bei Harry Potters erstem Besuch in meinem Büro in Hogwarts?“

Remus Lupin, *Harry Potter und die Heiligtümer des Todes – Teil 1*

Remus Lupin war mit Harry Potters Vater James befreundet und kam in Harrys drittem Schuljahr während der Ereignisse von *Harry Potter und der Gefangene von Askaban* als Lehrer für Verteidigung gegen die dunklen Künste nach Hogwarts. Lupin war bereits Mitglied des ursprünglichen Ordens und setzte seinen Kampf gemeinsam mit dem zweiten Orden des Phönix fort. Daher ist er auch an Harrys Überstellung vom Ligusterweg in den Fuchsbau in *Harry Potter und die Heiligtümer des Todes – Teil 1* beteiligt.

Lupins Besen ist Spiegelbild der prekären Verhältnisse, in denen er lebt. Als Werwolf ist sein Dasein nämlich von Unbeständigkeit und Armut geprägt. Sein Besen besteht aus hellem Holz, das zum Großteil geglättet ist, während die Spitze abgebrochen wirkt. Ein breites Metallband hält die Borsten zusammen, die eine frappante Ähnlichkeit zum Zauberer aufweisen: Sie sind extrem dünn und erinnern an ein zotteliges Wolfsfell.

Schauspieler David Thewlis, der Remus Lupin verkörperte, freute sich nach der Lektüre des Drehbuchs zu *Die Heiligtümer des Todes – Teil 1* schon aufs Besenfliegen, besonders weil er zu den letzten Darstellern gehörte, die mit dem „Fliegen“ an der Reihe waren. „Da waren so viele Dinge im Film, wie etwa die Verwandlung zum Werwolf, von denen man beim Nachhausekommen seiner Familie erzählen konnte. Es war schon ziemlich cool, meiner kleinen Tochter sagen zu können: ‚Ich bin heute auf einem Besen geflogen‘“, so David Thewlis.

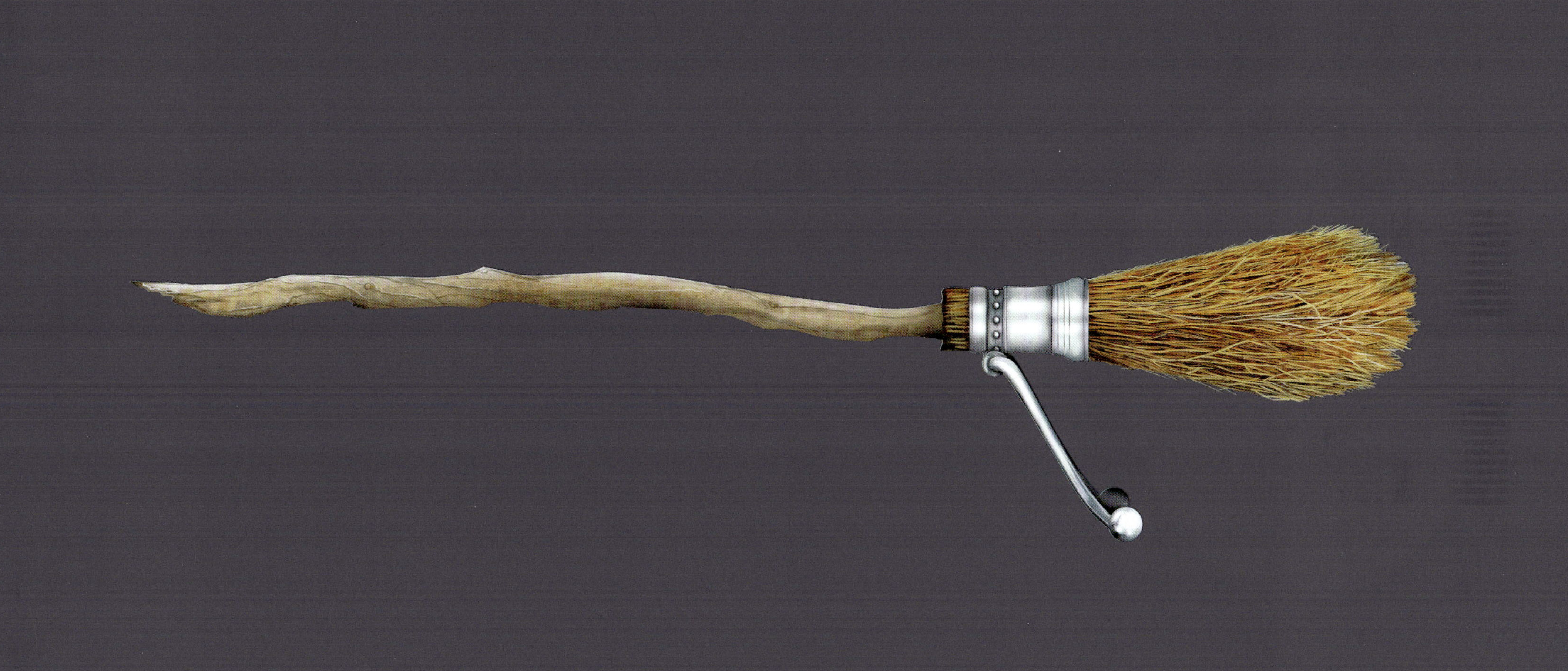

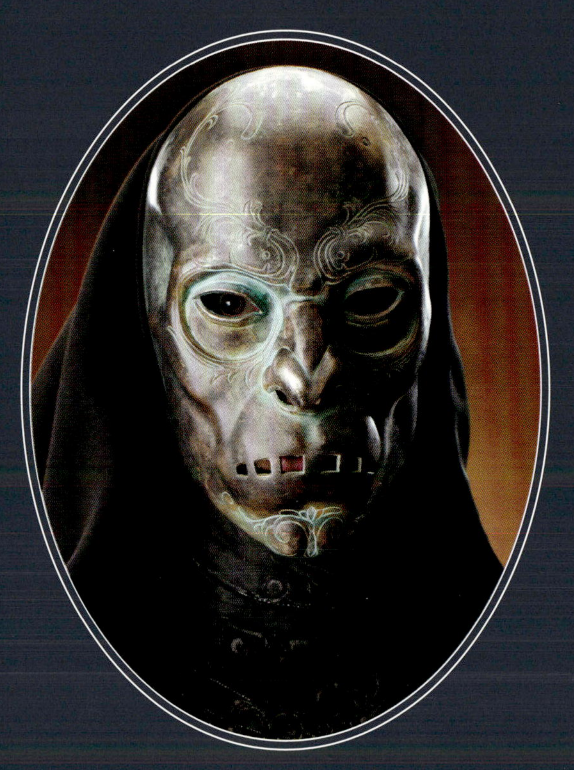

DIE BESEN DER TODESSER

Unmittelbar nach ihrem Abflug vom Ligusterweg werden Harry Potter und seine Beschützer von Todessern, den glühenden Anhängern Voldemorts, angegriffen. Drei von ihnen jagen Harry und Hagrid hinterher, der einen Turbo an seinem Motorrad zündet und durch einen Tunnel schießt. Harry kann einen der Todesser abschütteln, ein weiterer wird durch das Verkehrschaos ausgeschaltet. Doch bevor sie den Tunnel verlassen, setzt der dritte Todesser Hagrid außer Gefecht. Harry übernimmt das Steuer und versucht zugleich, den Verfolger abzuwehren, der schließlich von Harrys Eule Hedwig attackiert wird.

Die Besen der Todesser sind aerodynamisch geformt. Der Stiel aus tiefschwarzem Holz verläuft in einem sanften Bogen. Die sorgsam getrimmten Borsten sind dunkel, die Fußstützen und der Metallreif muten wie das oxidierte Silber am Feuerblitz an. Der Knauf am Besen ist ebenfalls aus Silber und trägt schwarze Ornamente. „Die Todesser sind generell sehr auffällig gestylt", meint die künstlerische Leiterin, Hattie Storey. „Man denke nur an ihre kunstvollen Silbermasken und ihre aufwendigen Kostüme." Da war es naheliegend, diese Ästhetik auch auf die Besen der Todesser zu übertragen, und zwar an jenen Stellen, die nicht durch Roben verdeckt waren.

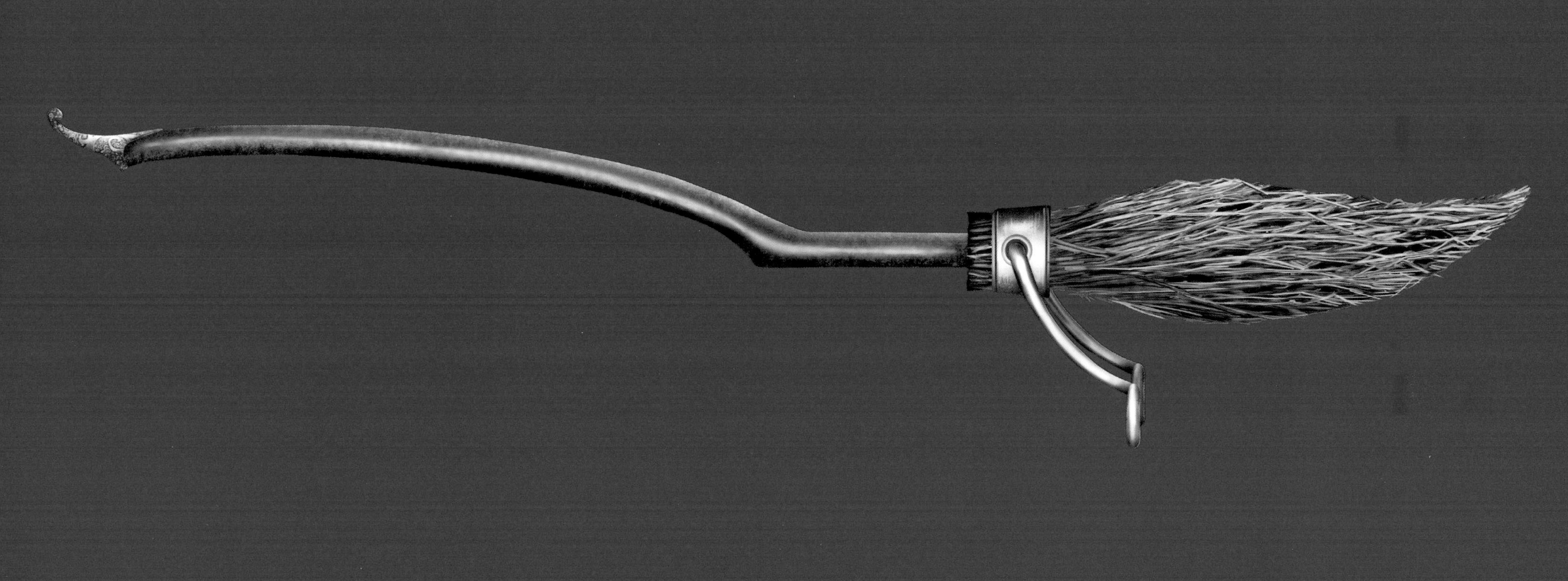

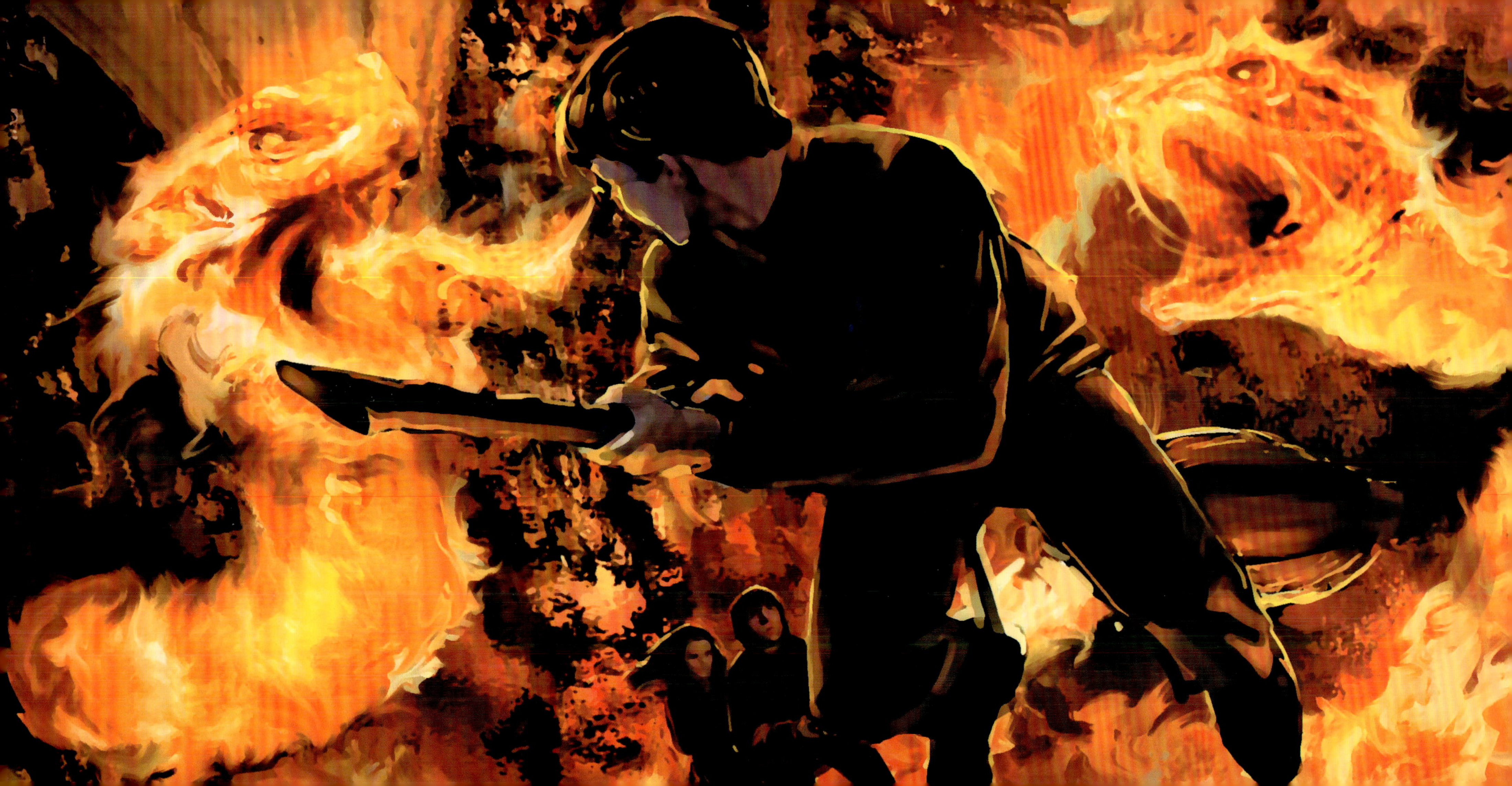

DIE FLUCHT AUS DEM RAUM DER WÜNSCHE

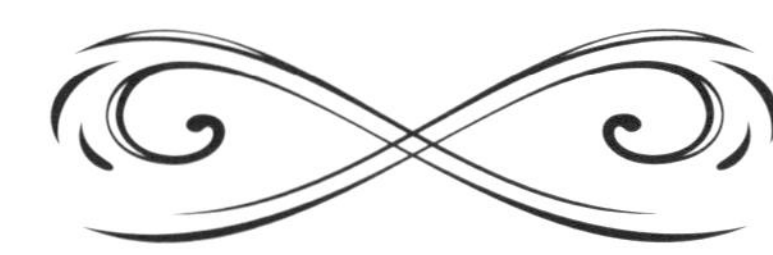

DIE BESEN IM RAUM DER WÜNSCHE

Im Laufe der Ereignisse von *Harry Potter und die Heiligtümer des Todes – Teil 1* und *Teil 2* suchen Harry, Ron und Hermine fieberhaft nach den sieben Horkruxen, die Voldemort zu seiner Unsterblichkeit erschaffen hat. Der Geist von Helena Ravenclaw, der Tochter Rowena Ravenclaws, verrät Harry, dass einer der Horkruxe – das Ravenclaw-Diadem – im Raum der Wünsche verborgen ist.

Harry, Ron und Hermine machen das Stück ausfindig, doch beim Verlassen des Raums werden sie von Draco Malfoy und seinen Kumpanen Gregory Goyle und Blaise Zabini aufgehalten. Als Goyle ein Dämonsfeuer heraufbeschwört und die Flammen nicht unter Kontrolle halten kann, ist guter Rat teuer. Schließlich stößt Ron auf mehrere Besen, die im Raum der Wünsche abgestellt wurden.

Diese Besen sind unterschiedlich gestaltet, einige aufwendig, andere ganz schlicht. Ron wirft Harry ein Exemplar mit filigranen Steigbügeln und einem geschwungenen Griff aus glänzendem schwarzem Holz zu. Rons Besen hat einen geraden Griff mit einer Metallkappe an der Spitze sowie Fahrradpedale. Hermines Fluguntersatz erinnert an den Feuerblitz.

Die Szene im Raum der Wünsche ist das einzige Mal, dass Hermine Granger in den Filmen auf einem Besen zu sehen ist. Sie fliegt ausgesprochen ungern, was sie beim Ritt auf dem Hippogreif Seidenschnabel in *Harry Potter und der Gefangene von Askaban* offen zugibt.

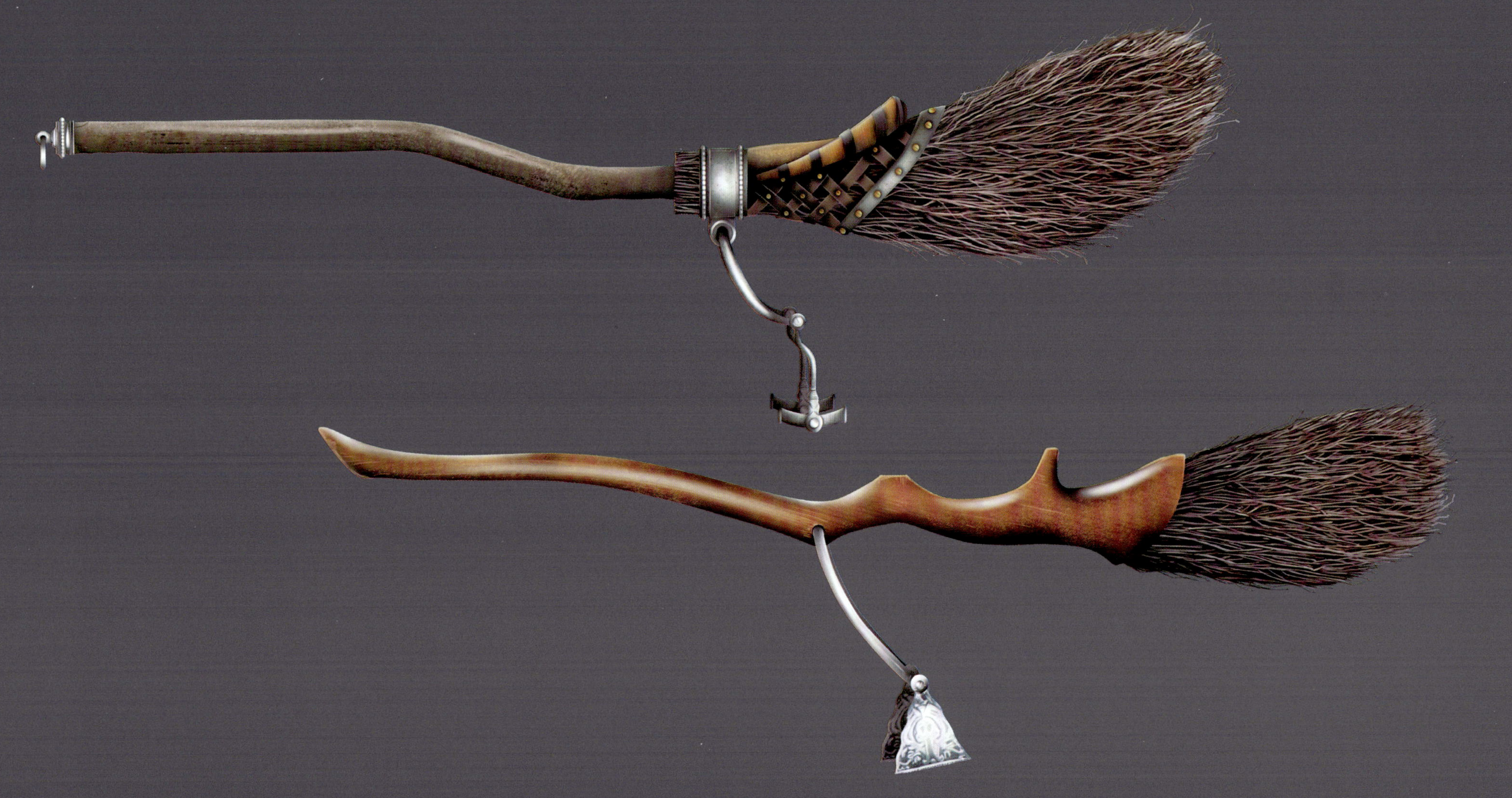

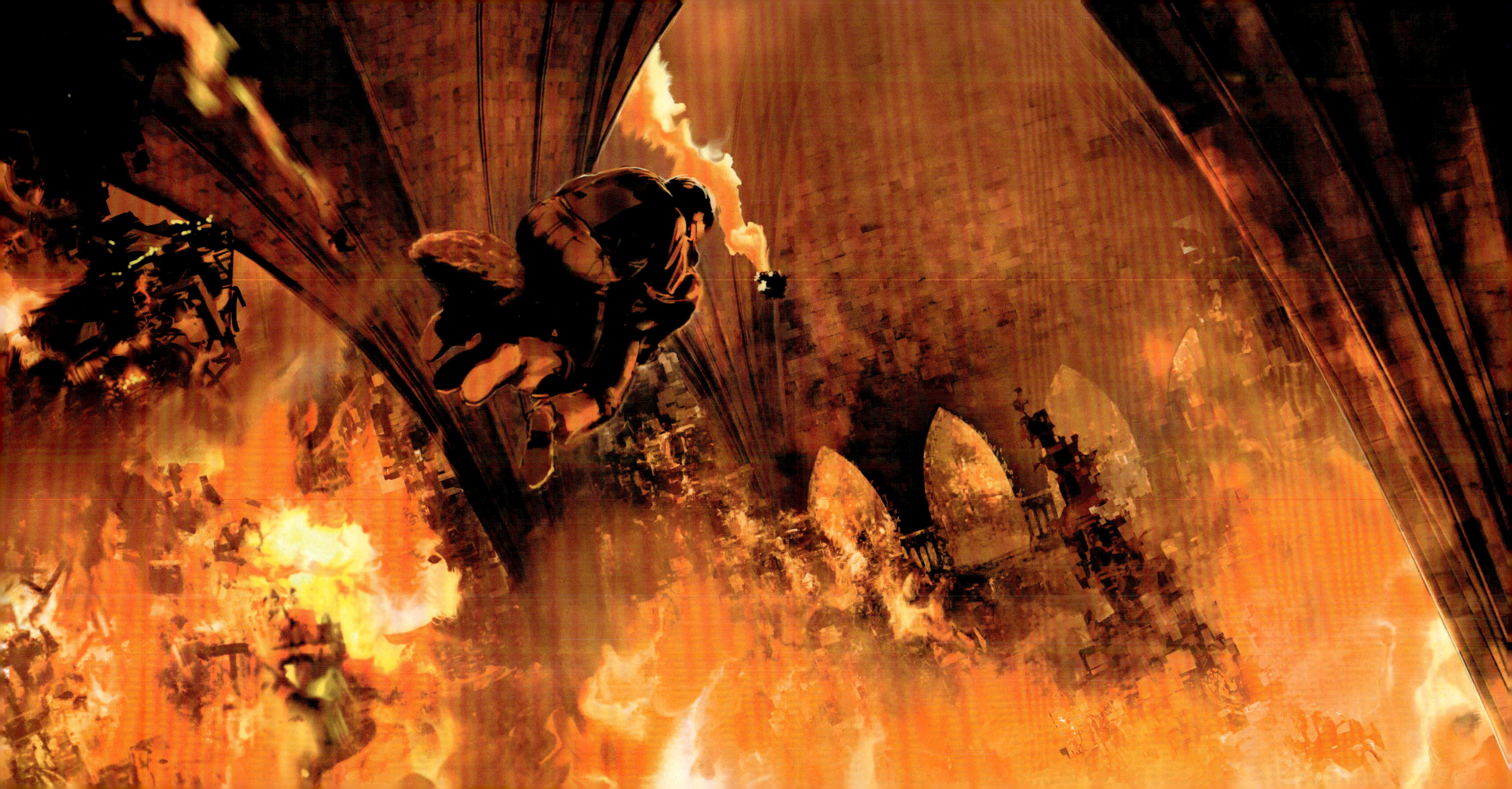

DIE FLUCHT VOR DEM DÄMONSFEUER

Da das Dämonsfeuer im Raum der Wünsche wütet, sitzen Draco Malfoy und Blaise Zabini in *Harry Potter und die Heiligtümer des Todes – Teil 2* auf brennenden Stapeln aus Tischen und Stühlen fest. Gregory Goyle ist zuvor in die Flammen gestürzt. Harry will Draco und Blaise nicht ihrem Schicksal überlassen und kehrt um. Ron folgt ihm widerwillig und erklärt: „Wenn wir ihretwegen sterben, bring ich dich um, ich schwör's!“ Harry nimmt Draco auf seinen Besen, Ron rettet Blaise, dann eilen sie Hermine hinterher, die den Weg freiräumt. Das war das erste Mal in den Harry-Potter-Filmen, dass bei einem komplizierten Stunt zwei Personen auf einem Besen sitzen mussten.

Die Zweisitzer-Besen wurden auf einer Schiene montiert, sodass sie sich für den Stunt bei hoher Geschwindigkeit bewegen ließen. „Der Flieger auf dem Besen musste den Stuntman an den Armen greifen und hinter sich auf den Besen setzen, so ähnlich wie Cowboys sich auf den Sattel schwingen“, erklärt John Richardson. „Das war ziemlich knifflig, aber ich denke, es ist hervorragend gelungen.“

Nachdem die Schüler dem Dämonsfeuer entkommen sind, müssen sie landen. „Die Herausforderung war, dass es sich um einen Stunt in Echtzeit handelte, es war ein echter Aufprall auf dem Boden“, erklärt Stephen Woolfenden. „Und es war ein Besen im Spiel.“ Zur Umsetzung dieser Szene wurden zwei Stuntmänner mit Harrys Besen zwischen den Beinen vor einem Greenscreen mit großer Geschwindigkeit auf Schienen angeschoben. An einem bestimmten Punkt mussten sie abspringen – so entstand die Bruchlandung.

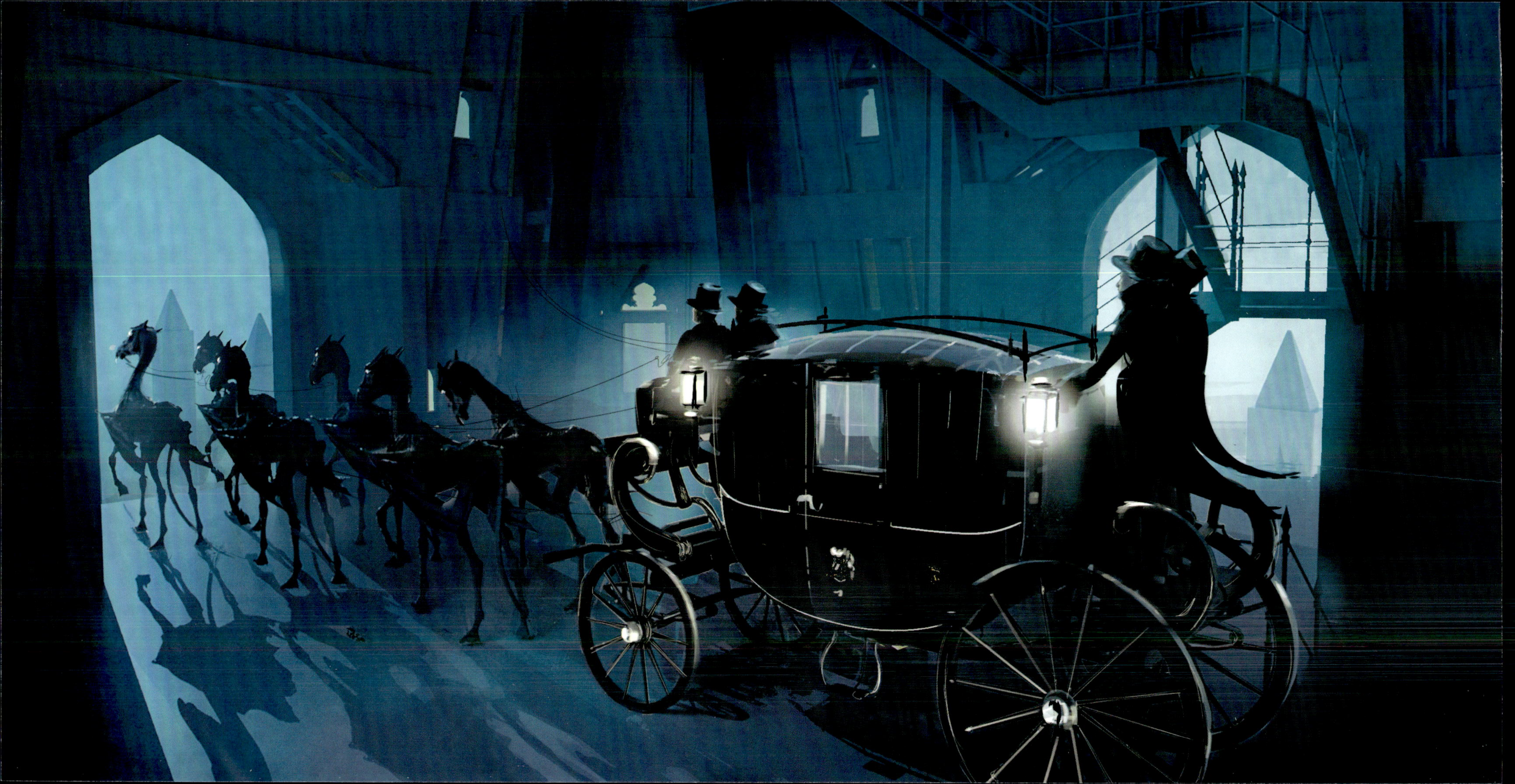

DIE BESEN IM FILM
PHANTASTISCHE TIERWESEN

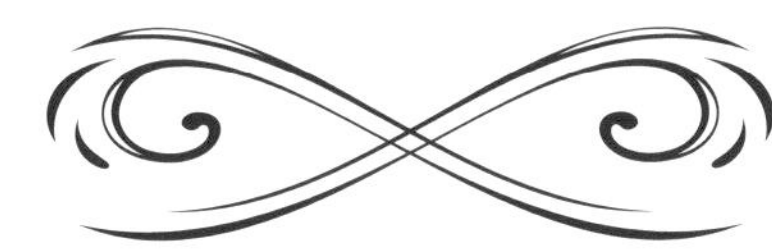

DIE BESEN DER AUROREN

Die Ereignisse von *Phantastische Tierwesen: Grindelwalds Verbrechen* spielen in den 1920er-Jahren, als der dunkle Zauberer Gellert Grindelwald seinen Feldzug zur Schaffung einer Herrscherklasse aus reinblütigen Zauberern ausweitet. Nachdem er in New York vom Magischen Kongress der Vereinigten Staaten von Amerika (MACUSA) gefangen genommen wird, muss er für seinen Prozess ins Zaubereiministerium nach London gebracht werden. Die von Thestralen gezogene Gefangenenkutsche wird von einem Sicherheitsteam aus vier Auroren auf Besen begleitet. Diese Besen sollten nach den Vorstellungen der Szenenbildner schnell und wendig wirken. „Wie die Einsatzwagen der Polizei“, erklärt Konzeptkünstlerin Molly Sole. „Und sie mussten so aussehen, als ob sie sich bewegen. Also gestalteten wir einen Besen, der vom Stil her älter wirkte, aber ein schnittigeres, flotteres Design hatte.“ Der Griff wurde aus Polyurethan gegossen, die Borsten bestanden aus langen Holzzweigen, die einzeln angebracht wurden.

Beim Kapern der Kutsche katapultiert der Schwarzmagier die Auroren mit Blitzschlägen weg. „Wir versuchten, das Besenfliegen dafür neu zu erfinden“, erklärt der Stuntkoordinator Marc Mailley. Anstatt bewegungsgesteuerter Stahlstützen benutzte das Team eine Drahtvorrichtung mit Gegengewichten. Da sich bei diesem System keine technischen Hilfsmittel unterhalb der Flieger befinden, konnten die Kameras aus anderen Winkeln filmen und näher rangehen als je zuvor. „Und anstatt von den Besen gelenkt zu werden, lenkt nun der Reiter den Besen“, erklärt Mailley. „Das kommt einem echten Besenritt so nah wie möglich.“

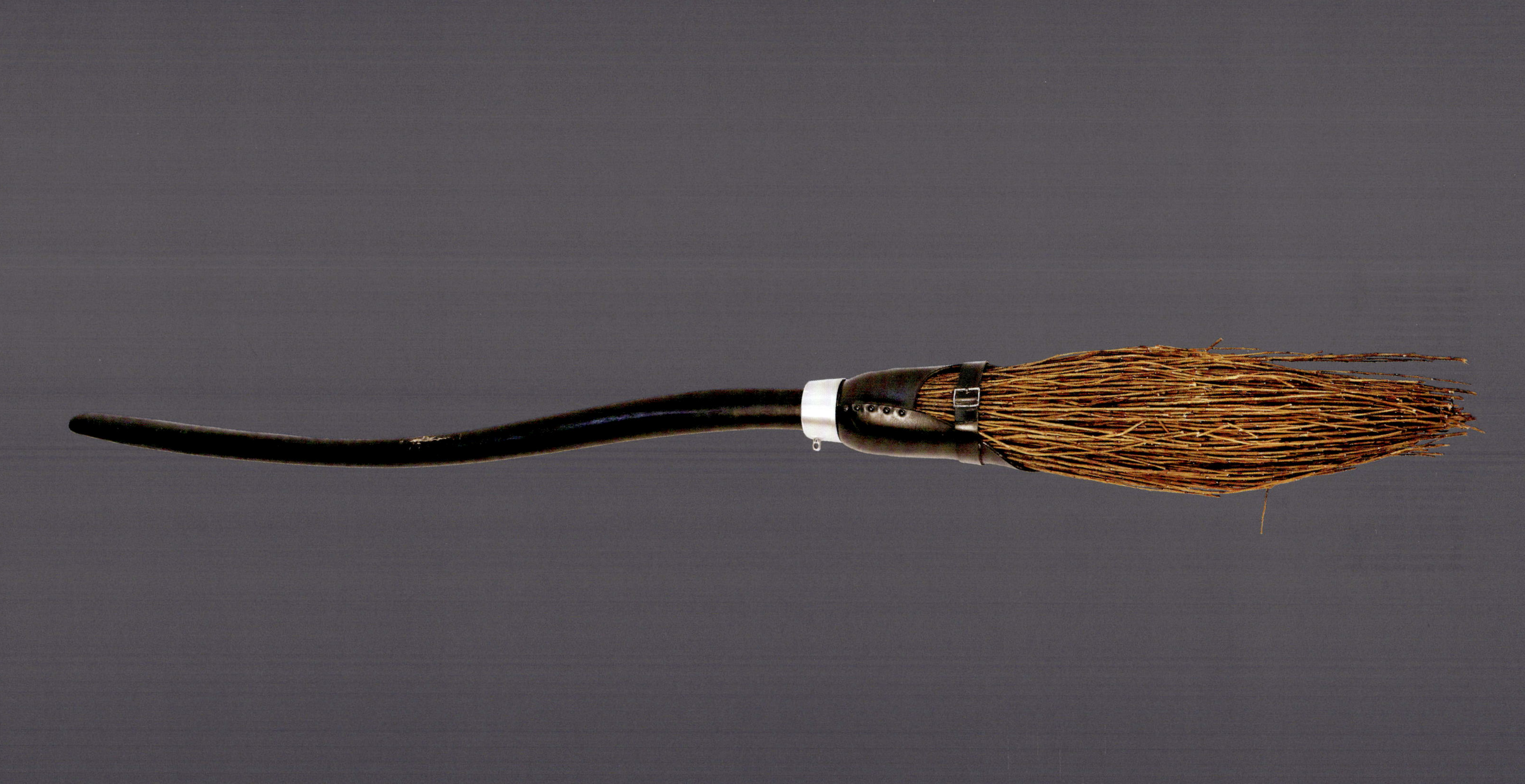

DIE BESEN VON DER PLACE CACHÉE

Da *Phantastische Tierwesen: Grindelwalds Verbrechen* sowohl in London als auch in Paris spielt, standen die Filmemacher vor der Herausforderung, Waren für das französische Äquivalent zur Winkelgasse – die Place Cachée – anzufertigen. Szenenbildner Stuart Craig und Ausstatterin Anna Pinnock wussten, dass sich auf diesem Markt ähnliche Läden wie in der Winkelgasse befinden sollten, die Ausstattung für die Schüler von Hogwarts anbieten. So gibt es Monsieur Sanfins Kesselladen *Chaudrons*, den Zaubertrankladen von Dr. Aziz Branchiflore und die *Maison Capenoir* für Kleidung. Im Quidditch-Laden von Gaston McAaron gibt es alles Notwendige für den beliebtesten Sport der Zauberwelt: Quaffel, Klatscher und natürlich Besen – allerdings mit einem französischem Touch. Der Film spielt im Jahr 1927 – damals war das florale Design des Pariser Jugendstils noch an vielen Métro-Stationen zu sehen. Davon beeinflusst war auch die Gestaltung der Quidditch-Ausstattung.

Die sanft geschwungenen Linien des silbernen Besengriffs sind asymmetrisch und erinnern an Pflanzen. Die Borsten sind heller und spitzer als bei anderen Besen, wirken fast wie Stachelschweinborsten und werden von drei geflochtenen Bändern zusammengehalten.

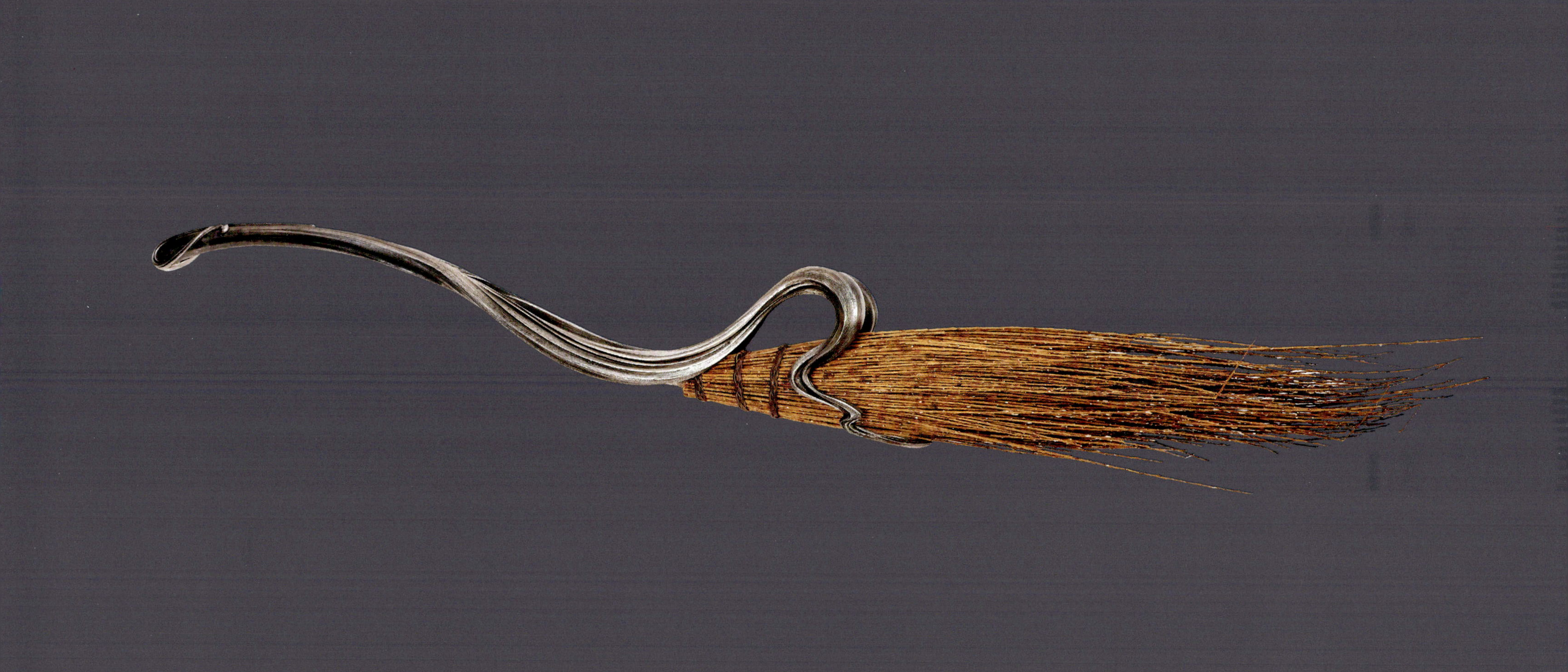

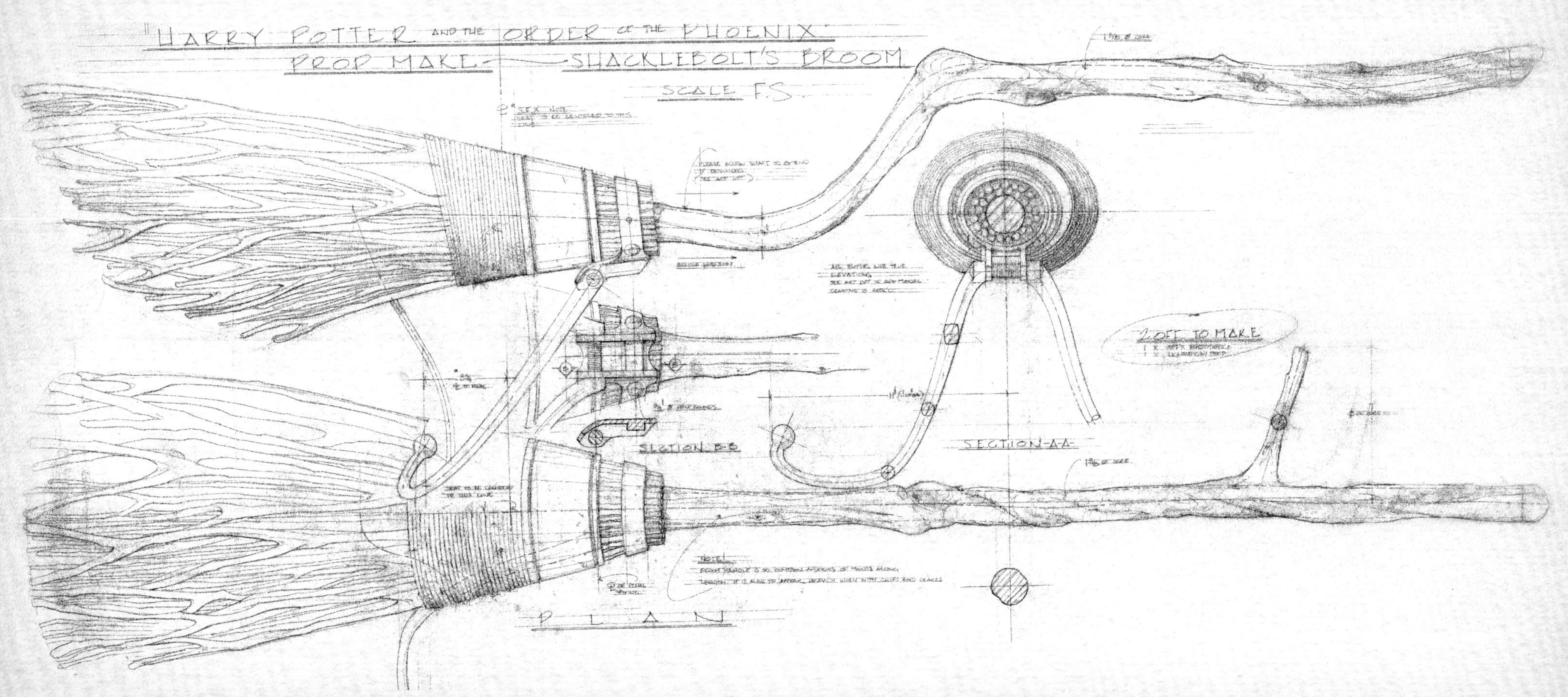

HARRY POTTER AND THE ORDER OF THE PHOENIX
PROP MAKE — SHACKLEBOLT'S BROOM
SCALE F.S
SECTION B-B
SECTION A-A
2 OFF TO MAKE
P L A N

DIE ENTWÜRFE

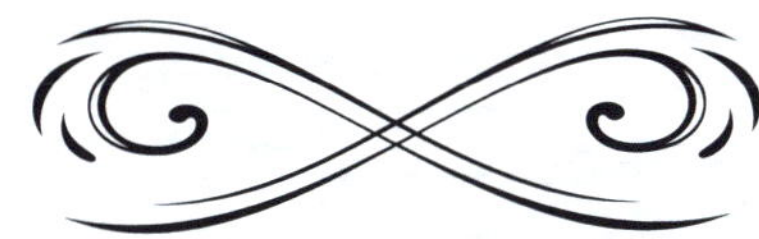

DIE ENTWICKLUNG DES FEUERBLITZES

Konzeptkünstler Dermot Power hatte ganz konkrete Vorstellungen bei der Entwicklung des Feuerblitzes. Für den Griff, der am Metallring über den Borsten angebracht ist und den er als „Kurbel“ bezeichnete, wollte Power ein organisch verdrehtes, mehrschichtiges Holz. Aus dem ursprünglich geplanten breiten Goldblech mit leichter Musterung wurden zwei massive Ringe aus Silber, die die Borsten zusammenhalten. Für die Borsten selbst schlug Power ein geflochtenes „Verdeck“ aus Birke vor, das die Zweige umgab. Anstelle dieses Verdecks wurden bei der Endversion des Feuerblitzes aber zwei dicke Birkenzweige verwendet, die über den Borsten zu einem V zusammenliefen, sodass das Ganze wie eine Schutzabdeckung aussah.

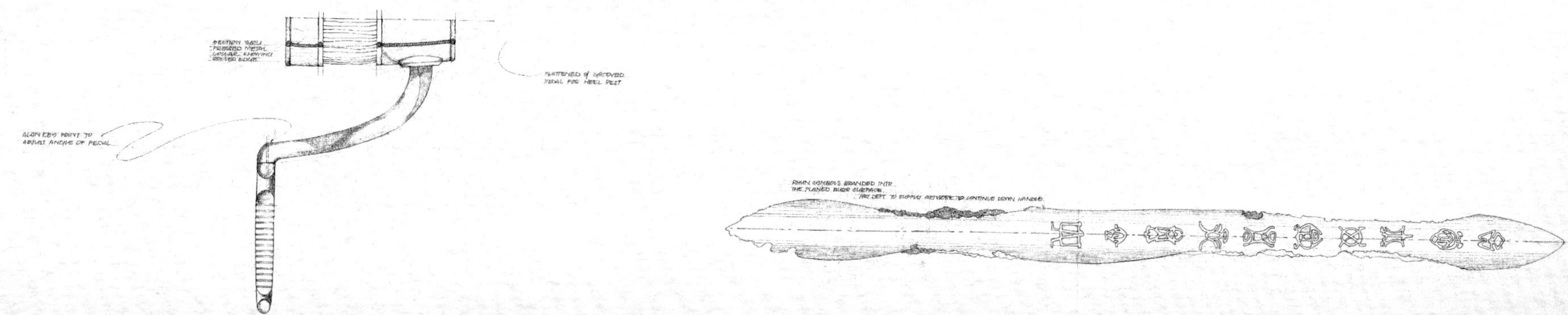

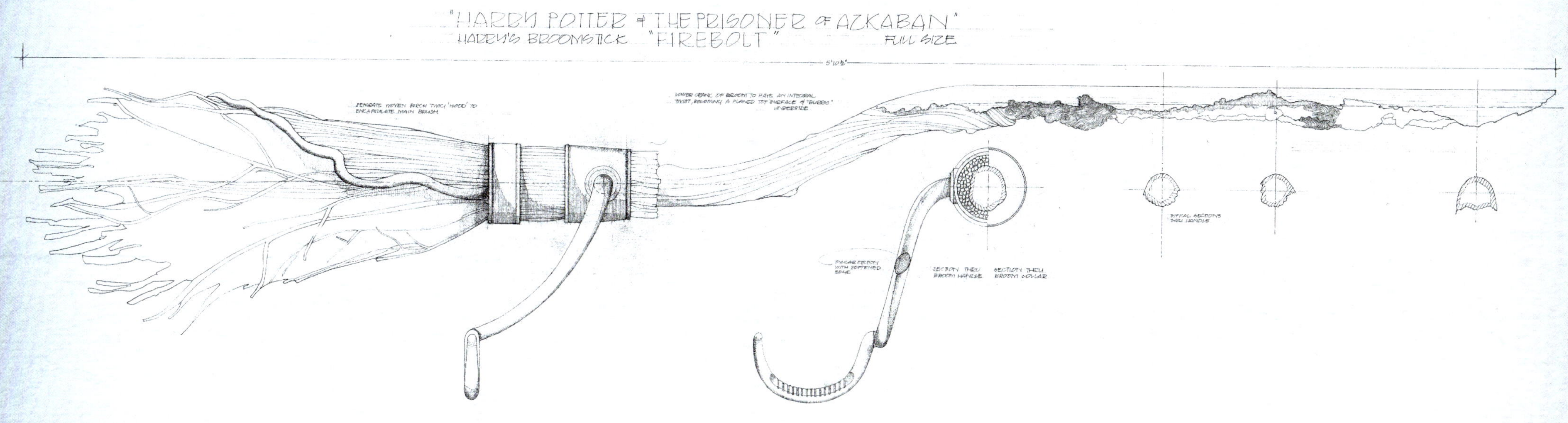
"HARRY POTTER & THE PRISONER of AZKABAN"
HARRY'S BROOMSTICK "FIREBOLT" FULL SIZE
5'10½"
SEPARATE WOVEN BIRCH TWIG 'HOOD' TO ENCAPSULATE MAIN BRUSH
SECTION THRU BROOM HANDLE
SECTION THRU BROOM COLLAR
TYPICAL SECTIONS THRU HANDLE

DIE ENTSTEHUNG DER ACTIONBESEN

Nachdem sich zu den Quidditch-Teams von Gryffindor und Slytherin mehrere neue Spieler gesellt hatten, sammelten die Konzeptkünstler und Zeichner Ideen für die vielen neuen Besen, die bei *Harry Potter und der Halbblutprinz* gebraucht wurden. Das Team einigte sich auf drei Arten von „Actionbesen“ mit mehreren untereinander austauschbaren Elementen. Dies erlaubte die Herstellung einer breiten Palette an Modellen. Metall- und Lederausstattung ließen sich ebenso variieren wie die Formen der Borsten und Griffwinkel. Die Künstler orientierten sich auch an früheren Ausführungen und verwendeten ehemalige Designs wieder, so etwa die Fußstützen der Besen von Fred, George und Tonks, den Griff von Viktor Krums Modell und sogar Teile von Harrys Feuerblitz. Die Entwürfe mit spezifischen Angaben zu Griffen und Borstenlängen stammen von Amanda Leggatt, Martin Foley und Stephen Swain.

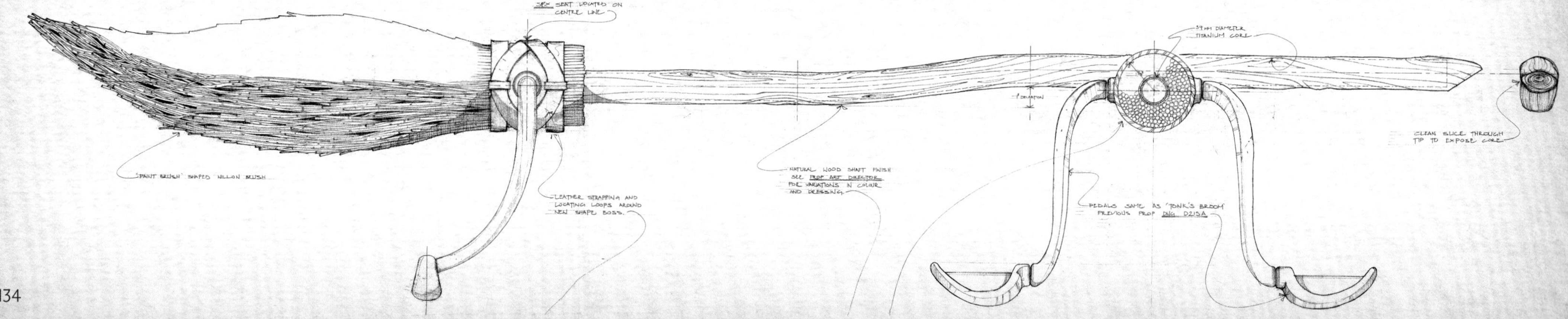

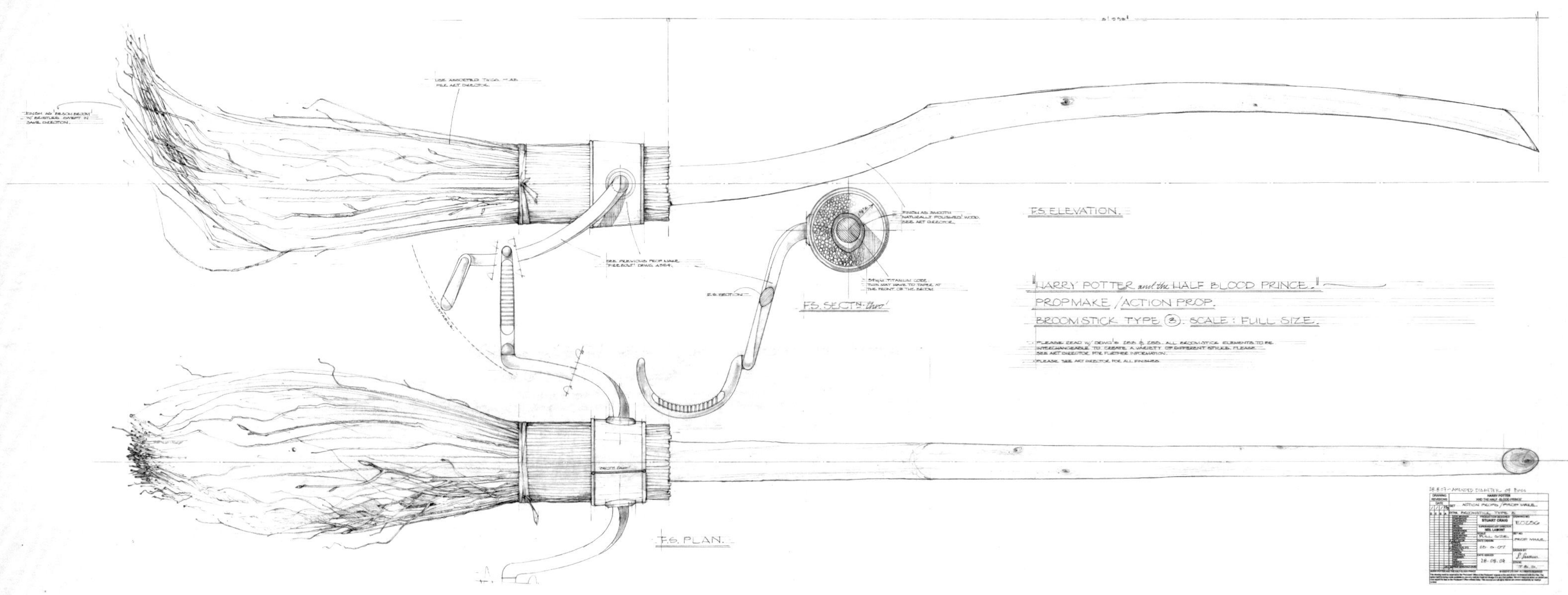
F.S. ELEVATION.
"HARRY POTTER and the HALF BLOOD PRINCE."
PROPMAKE /ACTION PROP.
BROOMSTICK TYPE (3). SCALE : FULL SIZE.
F.S. SECTN. thro'
F.S. PLAN.

DIE ENTSTEHUNG VON MOODYS BESEN

Alastor Moodys Besen ist nicht nur in der Bauweise einzigartig, sondern auch in der reichen Verzierung, die dem Zeichner Gary Jopling für den Besenstiel und den Metallring über den Borsten vorschwebte. Außerdem schlug er ein verwittertes Metallteil vor, das den gesamten Schaft abdecken sollte. In der Endversion erhielt jedoch nur der obere Teil des Griffes eine gravierte Metallummantelung, passend zum Metallring.

Zeichner für die Harry-Potter-Verfilmungen und andere Filme müssen über umfangreiche technische und architektonische Kenntnisse verfügen, um im Vorfeld alle für die Konstruktion wichtigen Informationen liefern zu können. Aufgrund des komplexen Aufbaus von Alastor Moodys Besen hatten die Zeichner beim Erstellen der Entwurfzeichnungen vielerlei Faktoren zu berücksichtigen, damit der Besen den Schauspieler Brendan Gleeson auch wirklich hielt, während er auf bewegungsgesteuerten Stützen bewegt wurde. Diese Zeichnungen zeigten, wie das fertige Stück aussehen sollte, und gaben genau Auskunft über Höhen, Längen und sonstige Abmessungen.

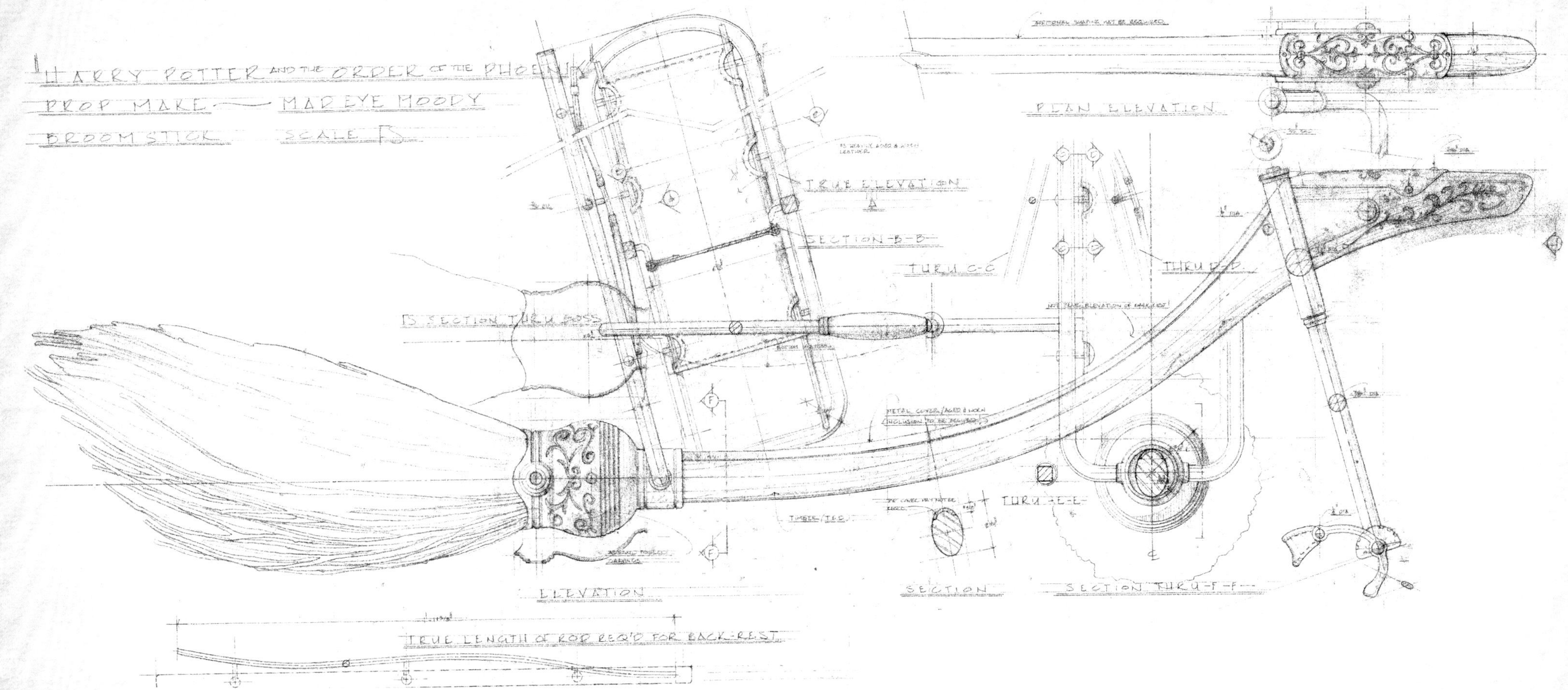
HARRY POTTER AND THE ORDER OF THE PHOEN
PROP MAKE — MAD EYE MOODY
BROOMSTICK SCALE
PLAN ELEVATION
TRUE ELEVATION
SECTION B-B
THRU C-C
THRU D-D
SECTION THRU BOSS
METAL COVER / AGED & WORN
INCLUSION TO BE REQUIRED
THRU E-E
ELEVATION
SECTION
SECTION THRU F-F
TRUE LENGTH OF ROD REQ'D FOR BACK-REST

DIE ENTSTEHUNG VON ARTHUR WEASLEYS BESEN

Grafikdesignerin Miraphora Mina gefiel ihr Entwurf für Arthur Weasleys Besen wirklich gut. Wäre es nach ihr gegangen, hätte sie aber noch ein paar Änderungen vorgenommen. „Weil Arthur eine Vorliebe für Muggeldinge hat, hätte er meiner Vorstellung nach einen Doppelsitzer-Besen zu so etwas wie einem Tretboot für zwei Personen umgebaut. Dann hätte er Teile von anderem Muggelzeug adaptiert und beispielsweise etwas erfunden, damit sich seine Kleidung nicht verfängt“, erklärt sie.

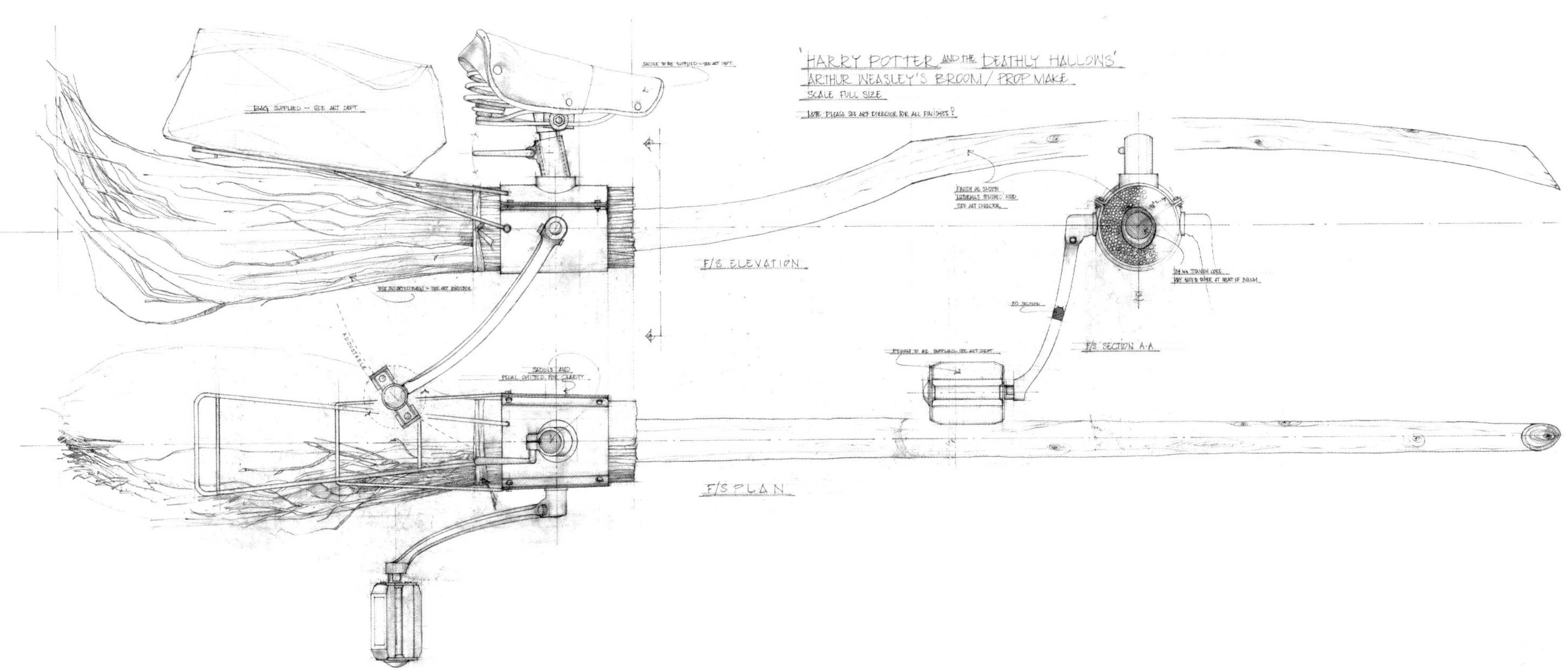
'HARRY POTTER AND THE DEATHLY HALLOWS'
ARTHUR WEASLEY'S BROOM / PROP MAKE
SCALE FULL SIZE
NOTE: PLEASE SEE ART DIRECTOR FOR ALL FINISHES?
BAG SUPPLIED – SEE ART DEPT.
SADDLE TO BE SUPPLIED – SEE ART DEPT.
F/S ELEVATION
FINISH AS SMOOTH
SEE ART DIRECTOR
ADJUSTABLE
SADDLE AND
PEDAL OMITTED FOR CLARITY
F/S PLAN
F/S SECTION A-A

DIE ENTSTEHUNG VON RONS BESEN IM RAUM DER WÜNSCHE

Der Besen, den Ron Weasley bei seiner Flucht aus dem Raum der Wünsche benutzt, ist ein Entwurf von Julia Dehoff. Er ist das einzige Exemplar in den Filmen, das eine Kappe an der Spitze des Besenstiels hat. Nicht weniger ungewöhnlich sind die Borsten und der Metallring, der sie zusammenhält. In der Endversion wurde das geflochtene Netz in Dehoffs Entwurf durch einen massiven „Kotflügel" ersetzt. Er stützte die u-förmige Polsterung, die an amerikanische Sättel aus dem 19. Jahrhundert erinnert.

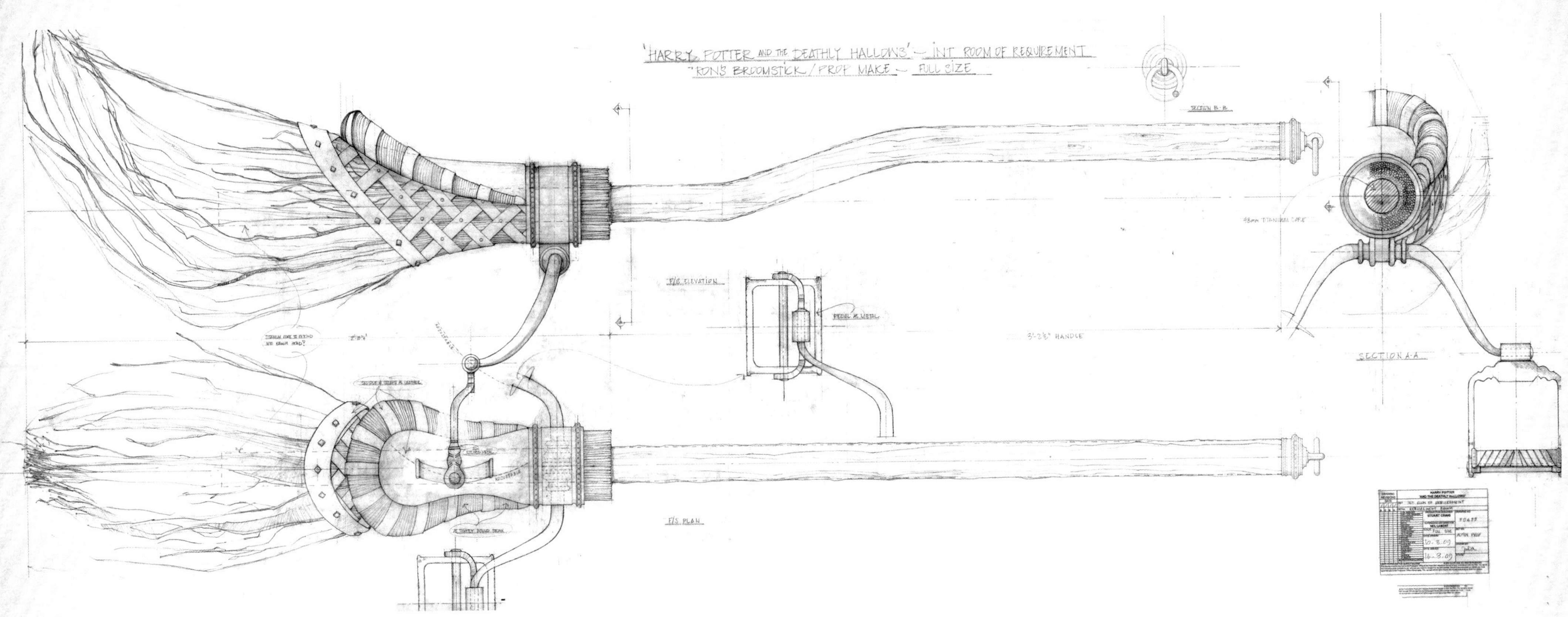
'HARRY POTTER AND THE DEATHLY HALLOWS' – INT ROOM OF REQUIREMENT
"RON'S BROOMSTICK / PROP MAKE – FULL SIZE
SECTION B-B
F/S ELEVATION
3'-2½" HANDLE
SECTION A-A
F/S PLAN

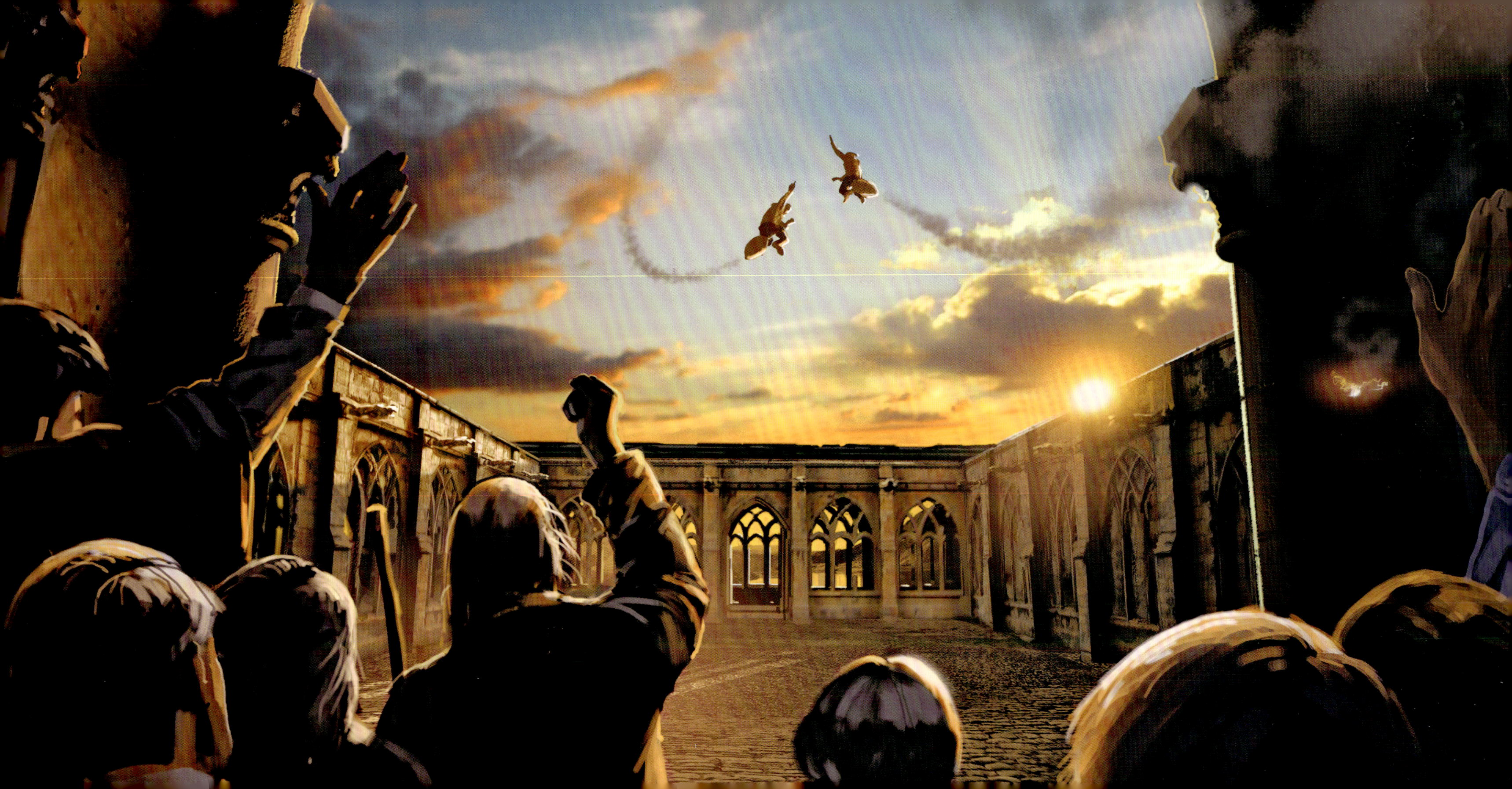

ZU GUTER LETZT

Eine von Daniel Radcliffes Lieblingsszenen im Film *Harry Potter und der Stein der Weisen* ist die erste Flugstunde der Schüler, die auf Alnwick Castle gedreht wurde. „Es ist etwas sehr Anrührendes und Unschuldiges an dieser Aufnahme, in der der Besen in meine Hand schnellt und ich irgendwie selbstzufrieden lächle", meint er. „Es ist ein Schlüsselmoment für Harry." Daniel Radcliffe hatte sich sehr aufs „Besenfliegen" gefreut, obwohl seine ersten Erfahrungen, wie er zugibt, weniger berauschend waren, da er bloß an einem Gurt hing und einen schlichten, struppigen Besen zwischen den Beinen hatte. „Doch die Besen wurden mit der Zeit besser", meint Greg Powell, der Stuntkoordinator für die Harry-Potter-Filme. „Am Anfang gab es alten Schrott – einfache Gartenbesen, die wie Autos aufgemotzt wurden. Am Ende hatten wir dann regelrechte Rolls-Royce-Besen, mit Sitzen und Lenkern."

Die Teams für Spezialeffekte und visuelle Effekte legten im Laufe der Filmreihe die Latte in puncto Besenfliegen immer höher. Mit dem technischen Fortschritt wurden immer schnellere und aufregendere Stunteinlagen möglich. Gleichzeitig verbesserte sich der Komfort für die Schauspieler, die tagelang auf Besen in einem Greenscreen-Raum, umgeben von Windmaschinen, zubrachten. Die Quidditch-Spiele wurden ebenfalls immer komplexer, realistischer und greifbarer für das Publikum, das nur zu gerne mitgespielt hätte.

„Die Vorstellung, fliegen zu können, hat mich schon immer fasziniert", verrät Schauspieler Alfred Enoch, dessen Figur Dean Thomas in *Harry Potter und der Halbblutprinz* ins Quidditch-Team von Gryffindor eintritt. „Wäre es nicht fantastisch, einen Besen zu haben, mit dem man die absolute Freiheit in der Luft genießen kann?"

DIE BESEN IM ÜBERBLICK

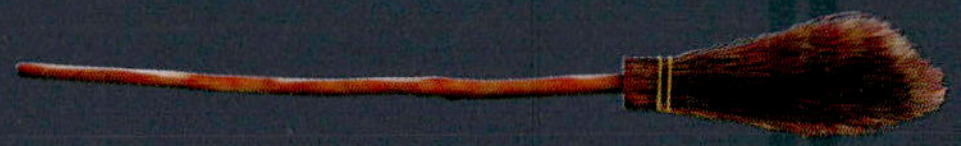

Seite 20 • Besen für den Flugunterricht

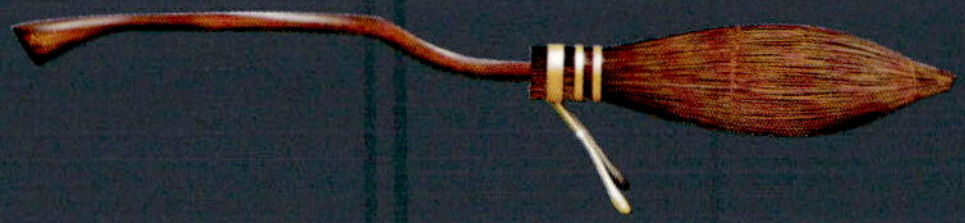

Seite 32 • Harry Potters Nimbus 2000

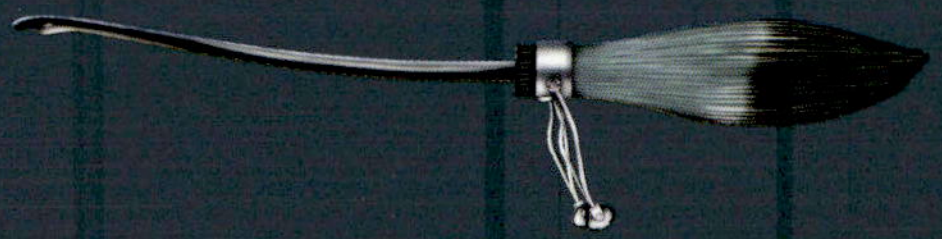

Seite 34 • Draco Malfoys Nimbus 2001

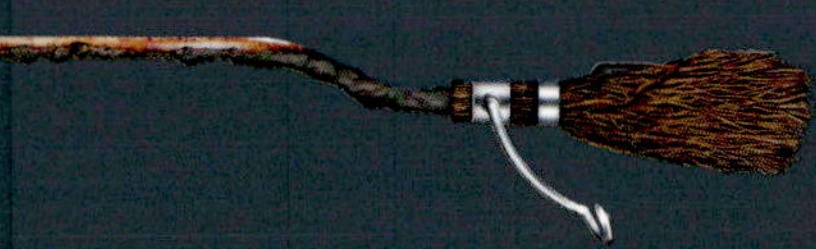

Seite 36 • Harry Potters Feuerblitz

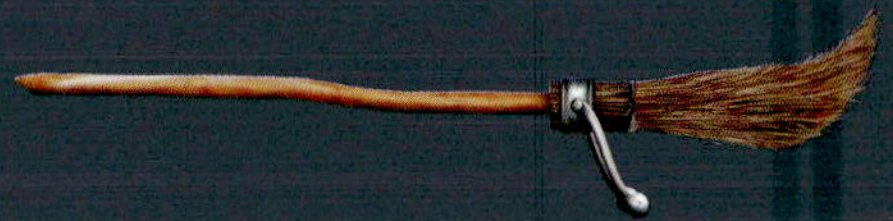

Seite 40 • Ron Weasleys Besen

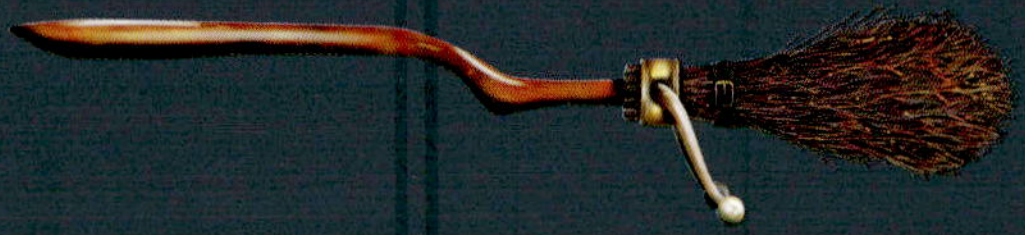

Seite 42 • Cormac McLaggens Besen

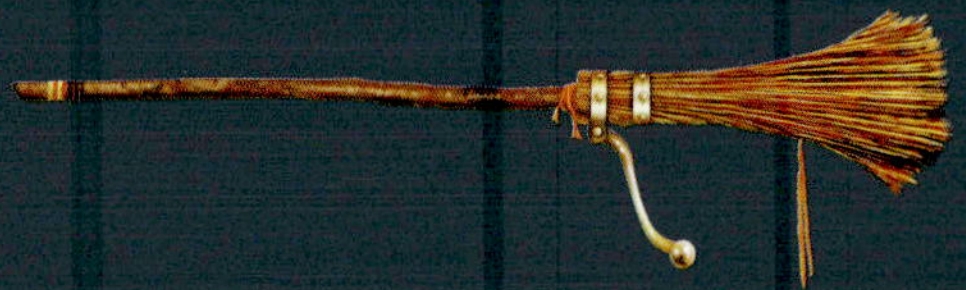

Seite 44 • Fred Weasleys Besen

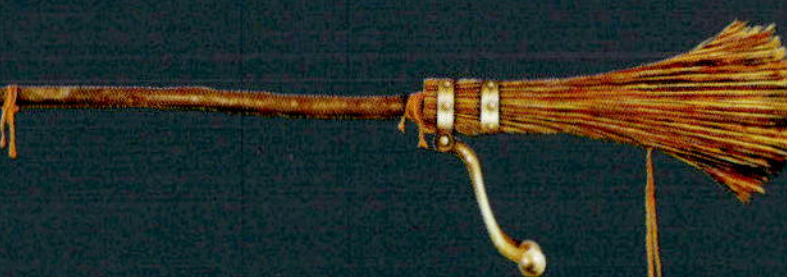

Seite 44 • George Weasleys Besen

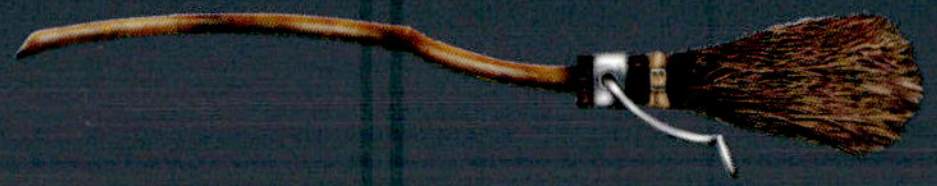

Seite 48 • Ginny Weasleys Besen

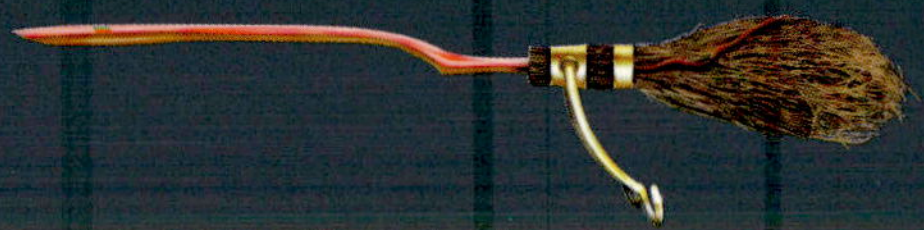

Seite 84 • Viktor Krums Besen

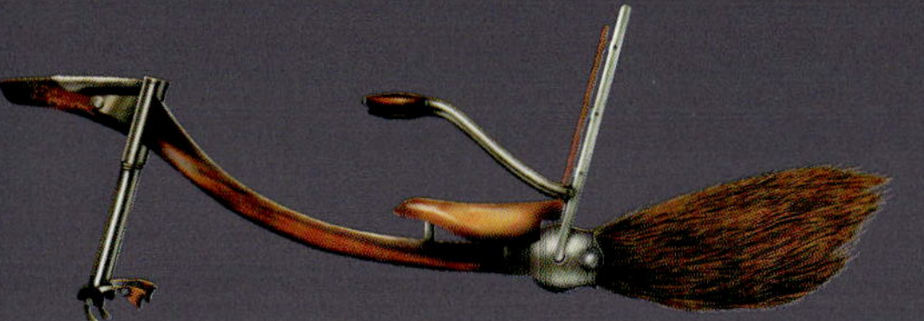

Seite 100 • Alastor „Mad-Eye“ Moodys Besen

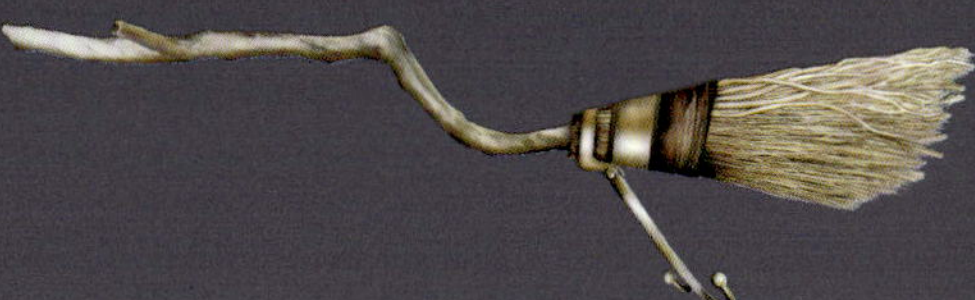

Seite 102 • Kingsley Shacklebolts Besen

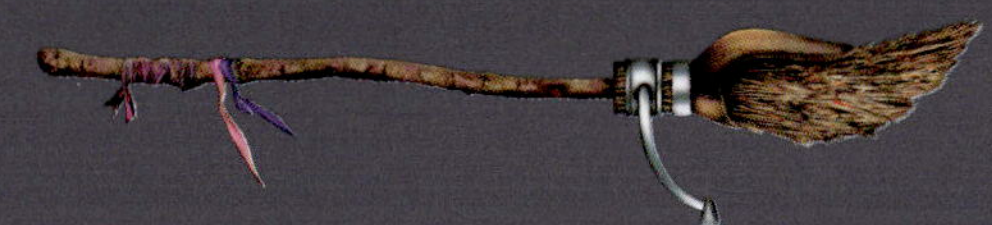

Seite 104 • Nymphadora Tonks’ Besen

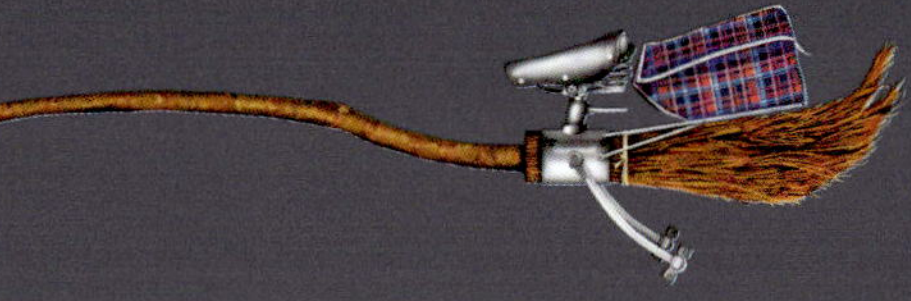

Seite 112 • Arthur Weasleys Besen

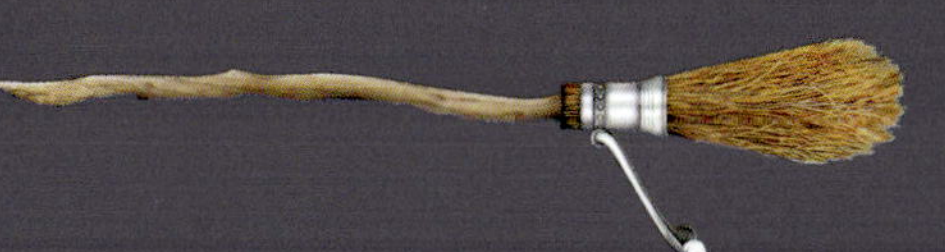

Seite 114 • Remus Lupins Besen

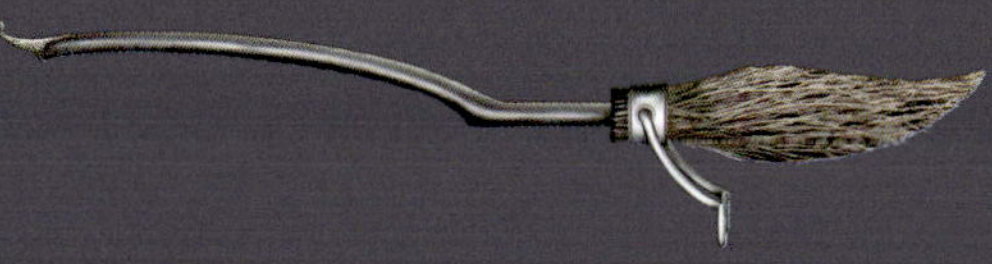

Seite 116 • Besen der Todesser

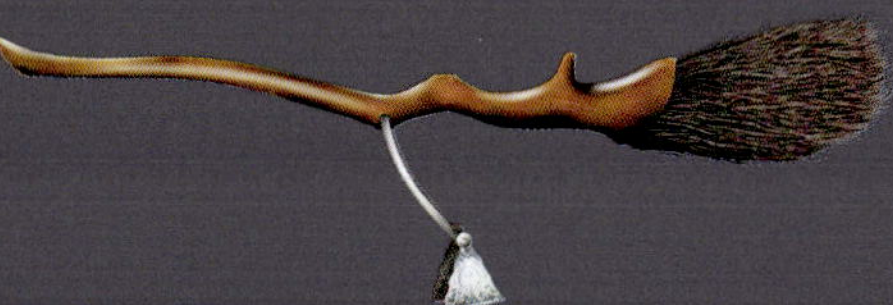

Seite 120 • Harry Potters Besen im Raum der Wünsche

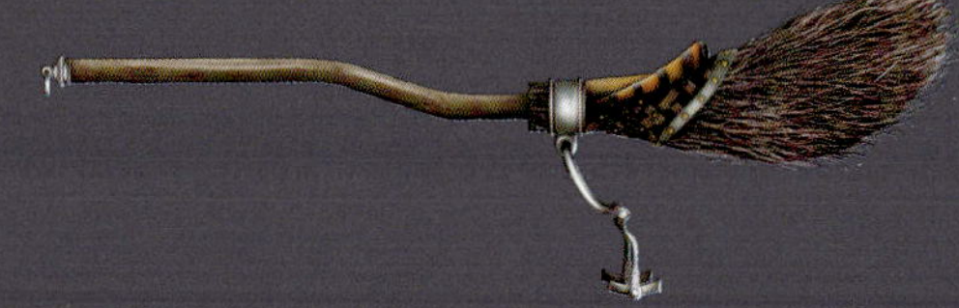

Seite 120 • Ron Weasleys Besen im Raum der Wünsche

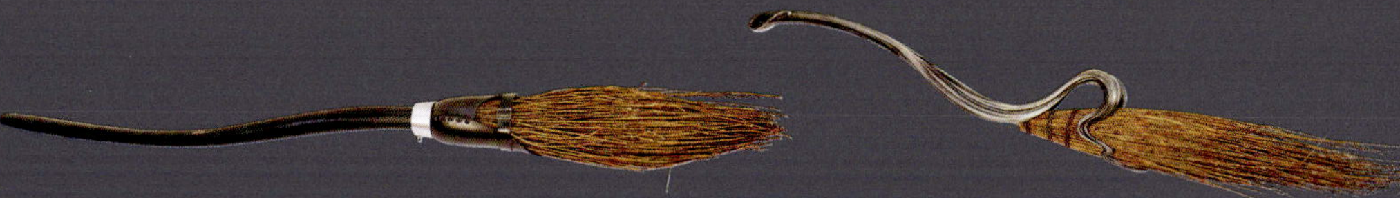

Seite 126 • Besen der Auroren

Seite 128 • Besen von der Place Cachée

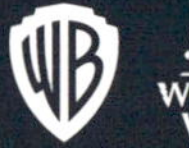
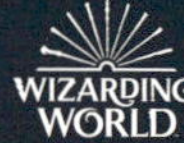

Harry Potter – Das Buch der magischen Besen
Deutschsprachige Ausgabe 2021 durch die Panini Verlags GmbH,
Schloßstraße 76, 70176 Stuttgart
Verlagsleitung: Gabriele El Hag
Chefredaktion: Nicole Hoffart
Redaktion: Eva-Regine Rauch
Lektorat: Claudia Weber
Übersetzung: Barbara Knesl
Produktion: Print Company Verlagsges.m.b.H.
Manufactured in China by Insight Editions
ISBN 978-3-8332-3975-5
www.paninishop.de
Die Deutsche Nationalbibliothek verzeichnet diese Publikation in der Deutschen Nationalbibliografie; detaillierte bibliografische Daten sind im Internet über http://dnb.d-nb.de abrufbar.

Englische Originalausgabe 2020
Insight Editions
PO Box 3088
San Rafael, CA 94912
www.insighteditions.com

Publisher: Raoul Goff
Associate Publisher: Vanessa Lopez
Creative Director: Chrissy Kwasnik
VP of Manufacturing: Alix Nicholaeff
Designers: Monique Narboneta & Judy Wiatrek Trum
Senior Editor: Greg Solano
Editorial Assistant: Maya Alpert
Managing Editor: Lauren LePera
Senior Production Editor: Rachel Anderson
Prod.Dir/Sub-Rights: Lina s Palma
Senior Production Manager: Greg Steffen & Emily Yeung
Broom Illustrations by Richard Davies

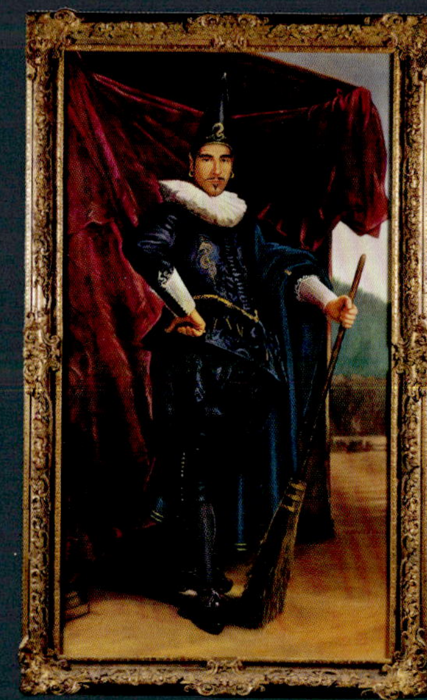